P
94

Selon M. le Clerc Bibl. ancienne et moderne T. 22 p. 221 ces Dialog. sont de Gueudeville moine défroqué mort misérable à la Haye vers 1720.

O. 1807.

3+1

DIALOGUES

De Monſieur le

BARON DE LAHONTAN

Et d'un

SAUVAGE,

Dans l'AMERIQUE.

Contenant une deſcription exacte des mœurs & des coutumes de ces Peuples Sauvages.

Avec les Voyages du même en Portugal & en Danemarc, dans leſquels on trouve des particularitez très curieuſes, & qu'on n'avoit point encore remarquées.

Le tout enrichi de Cartes & de Figures.

BIBLIOTHEQUE ROYALE

A AMSTERDAM,

Chez la Veuve de BOETEMAN,

Et ſe vend

A Londres, chez DAVID MORTIER, Libraire dans le Strand, à l'Enſeigne d'Eraſme.

M. DCCIV.

PREFACE.

JE m'étois tellement flatté de r'entrer dans la grace du Roy de France, avant la déclaration de cette Guerre, que bien loin de penser à l'impression de ces lettres & de ces Mémoires, je comptois de les jetter au feu, si ce Monarque m'eût fait l'honeur de me redonner mes Emplois sous le bon plaisir de Messieurs de * *Pontchartrain* pére & fils. C'est cette raison qui m'a fait négliger de les métre dans l'état où je souhaiterois qu'ils fussent, pour plaire au Lecteur qui se donnera la peine de les lire.

 Je

* L'un Chancelier de France, l'autre Sécrétaire d'Etat, trés riches en or & en argent.

Je paſſai à l'âge de 15. à 16. ans en *Canada*, d'où j'eus le ſoin d'entretenir toûjours un commerce de lettres avec un vieux Parent, qui avoit exigé de moy des nouvelles de ce Païs-là, en vertu des aſſiſtances qu'il me donnoit annuellement. Ce ſont ces mêmes lettres dont ce livre eſt composé. Elles contiennent tout ce qui s'eſt paſſé dans ce Païs-là entre les Anglois, les François les * *Iroquois*, & autres Peuples, depuis l'année 1683. juſqu'en 1694. avec quantité de choſes aſſez curieuſes, pour les Gens qui connoiſſent les Colonies des Anglois, ou des François. Le tout eſt écrit avec

* Appellés MAHAK par les Anglois de la nouvelle York.

vec beaucoup de fidélité. Car enfin, je dis les choſes comme elles ſont. Je n'ay flatté, ni épargné perſonne. Je donne aux *Iroquois* la gloire qu'ils ont aquiſe en diverſes ocaſions, quoique je haïſſe ces Coquins là plus que les cornes & les procez. J'atribue en même temps aux gens d'Egliſe, (malgré la vénération que j'ay pour eux) tous les maux que les *Yroquois* ont fait aux Colonies Françoiſes, pendant une guerre, qu'on n'auroit jamais entrepris ſans le conſeil de ces pieux Eccléſiaſtiques.

Aprés cela, j'avertis le Lecteur que les François ne connoiſſant les Villes de la *Nouvelle York*, que ſous leur ancien nom, j'ay eſté obligé de me conformer à cela, tant dans ma Rélation, que dans mes Cartes. Ils appellent *NIEU-YORK* tout le Païs contenu depuis la ſource de ſa Riviére juſqu'à ſon Embouchure, c'eſt à dire juſqu'à l'Iſle où eſt ſituée la Ville de *Manathe* (ainſi apellée, du temps des Hollandois) & qui eſt à préſent apellée des Anglois *Nieu-York*, Les François appellent auſſi *Orange* la Plantation *d'Albanie*, qui eſt vers le haut de la Riviére. Outre ceci le Lecteur eſt prié de ne pas trouver mauvais que les penſées des Sauvages ſoient habillées à l'Européane; c'eſt la faute du Parent à qui j'écrivois, car ce bon homme ayant tourné en ridicule la * Harangue métaphorique de la

* Letre.

Grand-

Grand-Gula, il me pria de ne plus traduire à la lettre un langage si rempli de fictions & d'hiperboles sauvages; c'est ce qui fait que tous les raisonnements de ces Peuples paroistront icy selon la diction & le stile des Européans; car ayant obéï à mon Parent, je me suis contenté de garder les copies de ce que je luy écrivois, pendant que j'estois dans le Païs de ces Philosophes nuds. Il est bon d'avertir le Lecteur, en passant, que les gens qui connoissent mes défauts, rendent aussi peu de justice à ces Peuples qu'à moy, lorsqu'ils disent que je suis un Sauvage & que c'est ce qui m'oblige de parler si favorablement de mes Confréres. Ces Observateurs me font beaucoup d'honeur, dés qu'ils n'expliquent pas que je suis directement ce que l'idée des Européans attache au mot de *Sauvage*. Car en disant simplement que je suis ce que les Sauvages sont, ils me donnent, sans y penser, le caractére du plus honnête homme du monde; puisqu'enfin c'est un fait incontestable, que les Nations qui n'ont point été corrompues par le voisinage des Européans, n'ont ni *tien* ni *mien*, ni loix, ni Juges, ni Prestre; Personne n'en doute, puisque tous les Voyageurs qui connoissent ce Païs-là, font foy de cette verité. Tant de gens de diférentes professiou l'ont si bien assuré qu'il n'est plus permis d'en douter. Or si cela est, on on ne doit faire aucune dificulté de croire que ces Peuples ſoient ſi ſages & ſi raiſonnables. Il me ſemble qu'il faut être aveugle pour ne pas voir que la propriété des biens (je ne dis pas celle des femmes) eſt la ſeule ſource de tous les déſordres qui troublent la Société des Européans; il eſt facile de juger ſur ce pied-là que je ne prête en aucune maniére le bon Eſprit & la ſageſſe, qu'on remarque dans les paroles & dans les actions de ces pauvres Ameriquains. Si tout le monde étoit auſſi bien fourni de livre de voyages que le Doctor * *Sloane*, on trouveroit dans plus de cent Relations de Canada une infinité de raiſonnemens Sauvages, incompara-

* Docteur en Medecine à Londres.

ble-

blement plus forts que ceux dont il eſt parlé dans mes Memoires. Au reſte, les perſonnes qui douteront de l'inſtinct & du talent des Caſtors, n'ont qu'à voir la grande Carte de l'Amerique du Sr. de Fer, gravée à Paris en 1698. ils y trouveront des choſes ſurprenantes touchant ces animaux.

On m'écrit de *Paris*, que Meſſieurs de *Pontchartrain* cherchent les moïens de ſe venger de l'outrage qu'ils diſent que je leur ay fait, en publiant dans mon livre quelques bagatelles que j'aurois dû taire. On m'avertit auſſi que j'ay tout lieu de craindre le reſſentiment de pluſieurs Ecléſiaſtiques, qui prétendent que j'ay inſulté Dieu, en inſultant leur

con-

conduite. Mais comme je me ſuis attendu à la fureur des uns & des autres, lorſque j'ay fait imprimer ce livre, j'ai eu tout le loiſir de m'armer de pied en cap, pour leur faire teſte. Ce qui me conſole, c'eſt que je n'ay rien écrit que je ne puiſſe prouver autentiquement ; outre que je n'ay pû moins dire à leur égard que ce que j'ai dit. Car ſi j'euſſe voulu m'écarter tant ſoit peu de ma narration, j'aurois fait des digreſſions où la conduite des uns & des autres auroit ſemblé porter préjudice au repos & au bien public. J'aurois eu aſſez de raiſon pour faire ce coup là : mais comme j'écrivois à un vieux Cagot de Parent, qui ne ſe nourriſſoit que de devotion, & qui craig-

noit

noit les malignes influences de laCour,il m'exhortoit incessament, à ne lui rien écrire, qui pût choquer les gens d'Eglise & les gens du Roy, de crainte que mes lettres ne fussent interceptées : quoiqu'il en soit, on m'avertit encore de *Paris* qu'on employe des Pédans pour écrire contre moy; & qu'ainsi il faut que je me prépare à essuyer une grêle d'injures qu'on va faire pleuvoir sur moy, dans quelques jours; mais n'importe, je suis assez bon sorcier pour repousser l'orage du côté de *Paris*. Je m'en moque, je feray la guerre à coups de plume, puisque je ne la puis faire à coups d'épée. Ceci soit en dit en passant, dans cette Préface au Lecteur, que le

Ciel

Ciel daigne combler de profpéritez, en le préfervant d'aucune difcuffion d'affaire avec la plûpart des Miniftres d'Etat ou de l'Evangile; car ils auront toûjours raifon, quelque tort qu'ils ayent, jufqu'à ce que l'Anarchie foit introduite chez nous, comme chez les Amériquains, dont le moindre s'eftime beaucoup plus qu'un Chancelier de France. Ces peuples font heureux d'être à l'abri des chicanes de ces Miniftres, qui font toujours maîtres par tout. J'envie le fort d'un pauvre Sauvage, *qui leges & Sceptra terit*, & je fouhaiterois pouvoir paffer le refte de ma vie dans fa Cabane, afin de n'être plus expofé à fléchir le genou devant des gens, qui facrifient le bien public à leur intéreft particulier, & qui font nais pour faire enrager les honêtes gens. Les deux Miniftres d'Etat à qui j'ay affaire, ont été follicitez en vain par Madâme la Ducheffe *du Lude*, par Mr. le Cardinal de *Bouillon*, par Mr. le Comte de *Guifcar* par Mr. de *Quiros*, & par Mr. le Comte *d'Avaux*; rien n'a pû les fléchir, quoique

que mon affaire ne consiste qu'à n'avoir pas soufert les afronts d'un Gouverneur qu'ils protégent, pendant que cens autres Officiers, qui ont eu des affaires mille fois plus criminelles que la mienne, en ont été quittes pour trois mois d'absence. La raison de ceci est qu'on fait moins de quartier aux gens qui ont le malheur de déplaire à Messieurs de Pontchartrain, qu'à ceux qui contreviénent aux ordres du Roy. Quoiqu'il en soit, je trouve dans mes malheurs la consolation de joüir en Angleterre d'une espéce de liberté, dont on ne joüit pas ailleurs; car on peut dire que c'est l'unique Païs de tous ceux qui sont habitez par des peuples civilisez, où cette liberté paroit plus parfaite. Je n'en excepte pas même celle du cœur, etant convaincu que les Anglois la conservent fort précieusement; tant il est vray que toute sorte d'esclavage est en horreur à ces Peuples, lesquels témoignent leur sagesse par les précautions qu'ils prénent pour s'empêcher de tomber dans une servitude fatale.

AVIS

AVIS
De
L'AUTEUR,
Au
LECTEUR.

DEz-que plusieurs Anglois, d'un mérite distingué, à qui la Langue Françoise est aussi familiére que la leur, & divers autres de mes Amis, eurent veu mes Lettres & Mémoires de Canada, *ils me témoignérent qu'ils auroyent souhaité une plus ample Relation des mœurs & coutumes des Peuples, ausquels nous avons donné le nom de Sauvages, C'est ce qui m'obligea de faire profiter le Public de ces Divers Entretiens, que j'ay eû dans ce Païs-là avec un certain Huron, à qui les François ont donné le nom de* Rat; *je me faisois une aplication agréable, lorsque j'étois au Village de cet Ameriquain, de receuillir avec soin tout ses raisonnemens,*

mens; Je ne fus pas plûtôt de retour de mon Voyage des Lacs de Canada, *que je fis voir mon Manuſcrit à Mr. le Comte de* Frontenal, *qui fut ſi ravi de le lire, qu'enſuite il ſe donna la peine de m'aider à mettre ces Dialogues dans l'état où ils ſont. Car ce n'étoit auparavant que des Entretiens interrompus, ſans ſuite & ſans liaiſon. C'eſt à la ſollicitation de ces Gentishommes Anglois, & autres de mes Amis, que j'ai fait part au Public de bien des Curioſitez qui n'ont jamais été écrites auparavant, touchant ces Peuples ſauvages. J'ay auſſi crû qu'il n'auroit pas desagréable que j'y ajoûtaſſe des Relations aſſez curieuſes de deux Voyages que j'ai faits, l'un en Portugal, où je me ſauvai de Terre-Neuve; & l'autre en Danemarc. On y trouvera la deſcription de* Lisbone, *de* Copenhague, *& de la Capitale du Royaume* d'Arragon, *me reſervant à faire imprimer d'autres Voyages que j'ay faits en Europe, lorsque j'auray le bonheur de pouvoir dire des Véritez ſans risque & ſans danger.*

DIA-

Pag. 1.

DIALOGUES

Ou Entretiens entre un Sauvage,

Et le

BARON de LAHONTAN.

L A H O N T A N.

'Est avec beaucoup de plaisir, mon cher Adario, que je veux raisonner avec toy de la plus importante affaire qui soit au Monde; puis qu'il s'agit de te découvrir les grandes veritez du Christianisme.

A D A R I O.

Je suis prêt à t'écouter, mon cher Frére, afin de m'éclaircir de tant de choses que les Jésuites nous prêchent depuis long temps, & je veux que nous parlions ensemble avec autant de liberté que faire se pourra. Si ta Créance est semblable à celle que les Jésuites nous prêchent, il est inutile que nous entrions en Conversation, Car ils m'ont débité tant de fables, que tout ce que j'en puis croire, c'est qu'ils ont trop d'esprit pour les croire eux-mêmes.

L A H O N T A N.

Je ne sçai pas ce qu'ils t'ont dit, mais je croi que leurs paroles & les miennes se-

 rapor-

raporteront fort bien les unes aux autres. La Religion Chrêtienne est celle que les hommes doivent professer, pour aller au Ciel. Dieu a permis qu'on découvrît l'Amérique, voulant sauver tous les peuples, qui suivront les Loix du Christianisme ; il a voulu que l'Evangile fût prêché à ta Nation, afin de luy montrer le véritable chemin du paradis, qui est l'heureux séjour des bonnes Ames. Il est dommage que tu ne veuille pas profiter des graces & des talens que Dieu t'a donné. La vie est courte, nous sommes incertains de l'heure de nôtre mort ; le temps est cher ; éclairci toi donc des grandes Verités du Christianisme ; afin de l'embrasser au plus vîte, en regrétant les jours que tu as passé dans l'ignorance, sans culte, sans religion, & sans la connoissance du vray Dieu.

ADARIO.

Comment sans conoissance du vray Dieu! estce que tu rêves ? Quoy ! tu nous crois sans réligion aprez avoir demeuré tant de temps avec nous? I. Ne sais-tu pas que nous reconnoissons un Créateur de l'Univers, sous le nom du grand Esprit; ou du Maistre de la vie, que nous croyons être dans tout ce qui n'a point de bornes. 2. Que nous confessons l'immortalité de l'ame. 3. Que le grand Esprit nous a pourvûs d'une raison capable de discerner le bien d'avec le mal, comme le ciel d'avec la terre, afin que nous suivions exactement les véritables Régles de la justice & de la sagesse. 4. Que la tranquillité d'ame plaît au grand Maître de la vie ; qu'au contraire le trouble de l'esprit lui est en horreur, parce que les hommes en devienviennent méchans: 5. Que la vie est un songe, & la mort un réveil, aprés lequel, l'ame voit & connoit la nature & la qualité des choses visibles & invisibles. 6. Que la portée de nôtre esprit ne pouvant s'étendre un pouce au dessus de la superficie de la terre, nous ne devons pas le gâter ni le corrompre en essayant de pénétrer les choses invisibles & improbables. Voilà, mon cher Frére, quelle est nôtre Créance, & ce que nous suivons exactement. Nous croyons aussi d'aller dans le païs des ames aprés nôtre mort; mais nous ne soupçonnons pas, comme vous, qu'il faut nécessairement qu'il y ait des séjours & bons & mauvais aprés la vie, pour les bonnes ou mauvaises ames, puisque nous ne sçavons pas si ce que nous croyons être un mal selon les hommes, l'est aussi selon Dieu; si vôtre Religion est diférente de la nôtre, cela ne veut pas dire que nous n'en ayons point du tout. Tu sçais que j'ay été en France, à la nouvelle Jork & à Quebec, où j'ay étudié les moeurs & la doctrine des Anglois & des François. Les Jésuites disent que parmi cinq ou six cens sortes de Religions qui sont sur la terre, il n'y en a qu'une seule bonne & véritable, qui est la leur, & sans laquelle nul homme n'échapera d'un feu qui brûlera son ame durant toute l'éternité; & cependant ils n'en sçauroient donner des preuves.

LAHONTAN.

Ils ont bien raison, Adario, de dire qu'il y en a de mauvaises; car, sans aller plus loin, ils n'ont qu'à parler de la tienne. Celui qui ne connoît point les veritez de la Religion

Chrêtienne n'en sçauroit avoir. Tout ce que tu viens de me dire sont des rêveries effroyables. Le Païs des ames dont tu parles, n'est qu'un Païs de chasse chimérique: au lieu que nos saintes Ecritures nous parlent d'un Paradis situé au dessus des étoiles les plus éloignées, où Dieu séjourne actuellement environé de gloire, au milieu des ames de tous les fidéles Chrêtiens. Ces mêmes Ecritures font mention d'un enfer que nous croïons être placé dans le centre de la Terre, où les ames de tous ceux qui n'ont pas embrassé le Christianisme brûleront éternellement sans se consumer, aussi bien que celles des mauvais Chrêtiens. C'est une vérité à laquelle tu devrois songer.

ADARIO.

Ces saintes Ecritures que tu cites à tout moment, comme les Jésuites font, demandent cette grande foy, dont ces bons Péres nous rompent les oreilles; or cette foy ne peut être qu'une persuasion, croire c'est être persuadé, être persuadé c'est voir de ses propres yeux une chose, ou la reconoître par des preuves claires & solides. Comment donc aurois-je cette foy puisque tu ne sçaurois ni me prouver, ni me faire voir la moindre chose de ce que tu dis? Croi-moy, ne jette pas ton esprit dans des obscurités, cesse de soûtenir les visions des Ecritures saintes, ou bien finissons nos Entretiens. Car, selon nos principes, il faut de la probabilité. Surquoy fondes-tu le destin des bonnes ames qui sont avec le grand Esprit au dessus des étoiles, ou celuy des mauvaises

vaiſes qui brûleront éternellement au centre de la terre ? Il faut que tu accuſe Dieu de tirannie, ſi tu crois qu'il ait créé un ſeul homme pour le rendre éternellement malheureux parmi les feux du centre de cette Terre. Tu diras, ſans doute, que les ſaintes Ecritures prouvent cette grande verité; mais il faudroit encore, ſi cela étoit, que la Terre fût éternelle, or les Jéſuites le nient, donc le lieu des flammes doit ceſſer lorsque la terre ſera conſumée. D'ailleurs, comment veux-tu que l'ame, qui eſt un pur eſprit, mille fois plus ſubtil & plus leger que la fumée, tende contre ſon penchant naturel au centre de cette Terre; Il ſeroit plus probable qu'elle s'élevât & s'envolât au ſoleil, où tu pourrois plus raiſonablement placer ce lieu de feux & de flammes, puiſque cet Aſtre eſt plus grand que la Terre, & beaucoup plus ardent.

LAHONTAN.

Ecoute, mon cher Adario, ton aveuglement eſt extréme, & l'endurciſſement de ton cœur te fait rejetter cette foy & ces Ecritures, dont la verité ſe découvre aiſément, lorsqu'on veut un peu ſe défaire de ſes préjugés. Il ne faut qu'examiner les prophéties qui y ſont contenues, & qui ont eſté inconteſtablement écrites avant l'événement. Cette Hiſtoire ſainte ſe confirme par les Auteurs payens, & par les Monumens les plus anciens, & les plus inconteſtables que les ſiecles paſſez puiſſent fournir. Croi-moy, ſi tu faiſois réfléxion ſur la maniere dont la Religion de Jeſus-Chriſt s'eſt établie dans le monde, & sur le changement qu'elle y a aporté ; si tu pressois les Caractéres de vérité, de sincérité, & de divinité, qui se remarquent dans ces Ecritures ; en un mot, si tu prenois les parties de nostre Réligion dans le détail, tu verrois & tu sentirois que ses dogmes, que ses préceptes, que ses promesses, que ses menaces, n'ont rien d'absurde, de mauvais, ni d'opposé aux sentimens naturels, & que rien ne s'accorde mieux avec la droite Raison, & avec les sentimens de la Conscience.

ADARIO.

Ce sont des contes que les Jésuites m'ont fait déja plus de cent fois ; ils veulent que depuis cinq ou six mille ans, tout ce qui s'est passé, ait été écrit sans altération. Ils commencent à dire la maniere dont la terre & les cieux furent créez ; que l'homme le fut de terre, la femme d'une de ses côtes ; comme si Dieu ne l'auroit pas faite de la même matiére ; qu'un Serpent tenta cet homme dans un Jardin d'arbres fruitiers, pour lui faire manger d'une pomme, qui est cause que le grand Esprit a fait mourir son Fils exprez pour sauver tous les hommes. Si je disois qu'il est plus probable que ce sont des fables que des verités, tu me payerois des raisons de ta Bible ; or l'invention de l'Ecriture n'a été trouvée, à ce que tu me dis un jour, que depuis trois mille ans, l'Imprimerie depuis quatre ou cinq siécles, comment donc s'assûrer de tant d'événemens divers pendant plusieurs siécles ? Il faut assurément estre bien crédule pour ajoûter foi à tant de rêveries contenues dans

dans ce grand Livre que les Chrêtiens veulent que nous croïons. J'ay oüi lire des livres que les Jésuites ont fait de nostre Païs. Ceux qui les lisoient me les expliquoient en ma langue ; mais j'y ay reconu vint menteries les unes sur les autres. Or si nous voïons de nos propres yeux des faussetez imprimées & des choses diférentes de ce qu'elles sont sur le papier : comment veux-tu que je croïe la sincerité de ces Bibles écrites depuis tant de siécles ; traduites de plusieurs langues par des ignorans qui n'en auront pas conçû le veritable sens, ou par des menteurs qui auront changé, augmenté & diminué les paroles qui s'y trouvent aujourd'huy. Je pourrois ajoûter à cela quelques autres dificultez qui, peut-être, à la fin t'engageroient, en quelque maniére, d'avoüer que j'ay raison de m'en tenir aux affaires visibles ou probables.

LAHONTAN.

Je t'ay découvert, mon pauvre Adario, les certitudes & les preuves de la Religion Chrêtienne, cependant tu ne veux pas les écouter, au contraire tu les regardes comme des chiméres, en alleguant les plus sotes raisons du Monde. Tu me cites les faussetez qu'on écrit dans les Relations que tu as veues de ton Païs. Comme si le Jésuite qui les a faites, n'a pas pû estre abusé par ceux qui luy en ont fourni les Mémoires. Il faut que tu considéres, que ces descriptions de Canada sont des bagatelles, qui ne se doivent pas comparer avec les Livres qui traitent des choſes Saintes, dont cent Auteurs diférens ont écrit ſans ſe contredire.

ADARIO.

Comment ſans ſe contredire! Hé quoy ce Livre des choſes ſaintes n'eſt-il pas plein de contradictions? Ces Evangiles, dont les Jéſuites nous parlent, ne cauſent ils pas un déſordre épouvantable entre les François & les Anglois? Cependant tout ce qu'ils contiennent vient de la bouche du grand Eſprit, ſi l'on vous en croit. Or, qu'elle apparence y a-t'il qu'il eût parlé confuſément, & qu'il eût donné à ſes paroles un ſens ambigu, s'il avoit eû envie qu'on l'entendît? De deux choſes l'une, s'il eſt né & mort ſur la terre, & qu'il ait harangué, il faut que ſes diſcours ayent eſté perdus, parce qu'il auroit parlé ſi clairement que les Enfans auroient pû concevoir ce qu'il eût dit; ou bien ſi vous croyés que les Evangiles ſont veritablement ſes paroles, & qu'il n'y ait rien que du ſien, il faut qu'il ſoit venu porter la guerredans ce monde au lieu de la paix; ce qui ne ſçauroit eſtre.

Les Anglois m'ont dit que leurs Evangiles contiennent les mêmes paroles que ceux des François, il y a pourtant plus de diférence de leur Réligion à la vôtre, que de la nuit au jour. Ils aſſûrent que la leur eſt la meilleure; les Jéſuites prêchent le contraire, & diſent que celles des Anglois & de mille autres Peuples, ne valent rien. Qui dois-je croire, s'il n'y a qu'une ſeule véritable religion ſur la terre? Qui ſont les gens qui n'eſtiment pas la leur la plus parfaite? Comment l'homme peut-il eſtre aſſés habile pour diſcerner cette unique
&

& divine Réligion parmi tant d'autres diférentes? Croi-moy, mon cher Frére, le grand Esprit est sage, tous ses ouvrages sont acomplis, c'est lui qui nous a faits, il sçait bien ce que nous deviendrons. C'est à nous d'agir librement, sans embarrasser notre esprit des choses futures. Il t'a fait naître François, afin que tu crusses ce que tu ne vois ni ne conçois; & il m'a fait naître Huron, afin que je ne crusse que ce que j'entens, & ce que la Raison m'enseigne.

LAHONTAN.

La Raison t'enseigne à te faire Chrestien, & tu ne le veux pas être; tu entendrois, si tu voulois, les verités de nôtre Evangile, tout s'y suit; rien ne s'y contredit. Les Anglois sont Chrestiens, comme les François; & s'il y a de la diférence entre ces deux Nations, au sujet de la Religion, ce n'est que par raport à certains passages de l'Ecriture sainte qu'elles expliquent diféremment. Le premier & principal point qui cause tant de disputes, est que les François croient que le Fils de Dieu ayant dit que son corps estoit dans un morceau de pain, il faut croire que cela est vray, puis qu'il ne sçauroit mentir. Il dit donc à ses Apôtres qu'ils le mangeassent & que ce pain estoit véritablement son corps; qu'ils fissent incessamment cette Cérémonie en comémoration de luy. Ils n'y ont pas manqué; car depuis la mort de ce Dieu fait homme, on fait tous les jours le sacrifice de la Messe, parmi les François, qui ne doutent point de la présence réelle du Fils de Dieu dans ce morceau de pain. Or les Anglois prétendent qu'étant au ciel, il ne sçauroit estre corporellement sur la terre; que les autres paroles qu'il a dit ensuite (& dont la discussion seroit trop étendue pour toy) les persuadent que ce Dieu n'est que spirituellement dans ce pain. Voilà toute la diférence qu'il y a d'eux à nous. Car pour les autres points, ce sont des vetilles, dont nous-nous accorderions facilement.

ADARIO.

Tu vois donc bien qu'il y a de la contradiction ou de l'obscurité dans les paroles du Fils du grand Esprit, puisque les Anglois, & vous autres en disputés le sens avec tant de chaleur & d'animosité, & que c'est le principal motif de la haine qu'on remarque entre vos deux Nations. Mais ce n'est pas ce que je veux dire. Ecoute, mon Frére, il faut que les uns & les autres soient fous de croire l'incarnation d'un Dieu, voyant l'ambiguité de ces discours dont vôtre Evangile fait mention. Il y a cinquante choses équivoques qui sont trop grossiéres, pour estre sorties de la bouche d'un Etre aussi parfait. Les Jésuites nous assûrent que ce Fils du grand Esprit a dit qu'il veut véritablement que tous les Hommes soient sauvés; or s'il le veut il faut que cela soit; cependant ils ne le sont pas tous, puis qu'il a dit que *beaucoup estoient apellés &, peu éleus.* C'est une contradiction. Ces Péres répondent que Dieu ne veut sauver les Hommes qu'à condition qu'ils le veuillent eux-mêmes, Cependant Dieu n'a pas ajoûté cette clause, parce qu'il n'auroit pas alors parlé en Maître. Mais

Mais enfin les Jésuites veulent penétrer dans les secrets de Dieu, & prétendre ce qu'il n'a pas prétendu luy même; puis qu'il n'a pas établi cette condition. Il en est de même que si le grand Capitaine des François faisoit dire par son Viceroy, qu'il veut que tous les Esclaves de Canada passassent véritablement en France, où ils les feroit tous riches, & qu'alors les Esclaves réspondissent qu'ils ne veulent pas y aller, parce que ce grand Capitaine ne peut le vouloir qu'à condition qu'ils le voudront. N'est il pas vray, mon Frere, qu'on se moqueroit d'eux, & qu'ils seroient ensuite obligez de passer en France malgré leur volonté: tu n'ozerois me dire le contraire. Enfin ces mêmes Jésuites m'ont expliqué tant d'autres paroles qui se contredisent, que je m'étonne aprés cela qu'on puisse les apeller *Ecritures Saintes*. Il est écrit que le premier Homme que le grand Esprit fit de sa propre main, mangea d'un fruit défendu, dont il fut châtié luy & sa Femme, pour estre aussi criminels l'un que l'autre. Suposons donc que pour une pomme leur punition ait esté comme tu voudras; ils ne devoient se plaindre que de ce que le grand Esprit sçachant qu'ils la mangeroient, il les eût créez pour estre malheureux. Venons à leurs enfans qui, selon les Jesuites, sont envelopés dans cette déroute. Est-ce qu'ils sont coupables de la gourmandise de leur Pére & de leur Mére? Est-ce que si un Homme tuoit un de vos Rois, on puniroit aussi toute sa Génération, péres, méres, oncles, cousins, sœurs, fréres & tous ses autres parens? Supposons donc que le grand Esprit, en créant cet Homme, ne sçeût par ce qu'il devroit faire apres sa création (Ce qui nepeut être) supposons encore que toute sa posterité soit complice de son Crime (Ce quiseroit injuste) ce grand Esprit n'est-il pas, selon vos Ecritures, si misericordieux & si clément, que sa bonté pour tout le Genre humain ne peut se concevoir. N'est-il pas aussi si grand & si puissant que si tous les esprits des Hommes qui sont, qui ont eté, & qui seront, estoient rassemblés en un seul, il luy seroit impossible de comprendre la moindre partie de sa toute puissance. Or, s'il est si bon & si misericordieux, ne pouvoit il pas pardonner luy & tous ses décendans d'une seule parole? Et s'il est si puissant & si grand, quelle apparence y a t-il qu'un Etre si incompréhensible se fît Homme, vecût en miserable, & mourût en infame, pour expier le peché d'une vile Creature, autant ou plus au dessous de luy, qu'une mouche est au dessous du soleil & des étoiles? Où est donc cette puissance infinie? A quoy luy serviroit-elle, & quel usage en feroit il? Pour moy, je soûtiens que cest douter de l'étendue incomprehensible de sa toutepuissance & avoir une présomption extravagante de soi-même de croire un avilissement de cette nature.

LAHONTAN.

Ne vois tu pas, mon cher Adario, que le grand Esprit estant si puissant, & tel que nous l'avons dit; le péché de nostre premier Pére estoit par consequent si énorme & si grand qu'on le puisse dépeindre. Par exemple, si j'osi j'ofençois un de mes soldats, ce ne seroit rien, mais si je faisois un outrage au Roi, mon ofense seroit achevée, & en même temps impardonable. Or Adam outrageant le Roi des Rois, nous sommes ses complices, puis que nous sommes une partie de son ame, & par conséquent, il faloit à Dieu une satisfaction telle que la mort de son propre Fils. Il est bien vray qu'il nous auroit pû pardonner d'une seule parole, mais par des raisons que jaurois de la peine à te faire comprendre, il a bien voulu vivre & mourir pour tout le Genre-Humain. J'avoue qu'il est miséricordieux, & qu'il leût pû absoudre Adam le même jour, car sa misericorde est le fondement de toute l'esperance du salut. Mais, s'il n'eût pas pris à coeur le crime de sa desobeissance, sa defense n'eût été qu'un jeu. Il faudroit qu'il n'eût pas parlé sérieusement, & sur ce pied-là, tout le monde seroit en droit de faire tout le mal qu'il voudroit.

ADARIO.

Jusqu'à présent tu ne prouves rien, & plus j'examine cette prétendue incarnation, & moins j'y trouve de vray-semblance. Quoy! ce grand & incomprehensible Etre & Createur des Terres, des Mers & du vaste Firmament, auroit pû s'avilir à demeurer neuf mois prisonnier dans les entrailles d'une Femme, à s'exposer à la miserable vie de ses camarades pécheurs, qui ont écrit vos Livres d'Evangiles, à estre batu, foüetté, & crucifié comme un malheureux? C'est ce que mon esprit ne peut s'imaginer. Il est écrit qu'il est venu tout exprés sur la Terre pour y mou-

mourir, & cependant il a craint la mort; voilà une contradiction en deux manieres. I. S'il avoit le dessein de naître pour mourir, il ne devoit pas craindre la mort. Car pourquoy la craint on? C'est parcequ'on n'est pas bien assûré de ce qu'on deviendra en perdant la vie; or il n'ignoroit pas le lieu où il devoit aller, donc il ne devoit pas être si efraïé. Tu sçais bien que nous & nos femmes nous-nous empoisonons le plus souvent, pour nous aller tenir compagnie dans le païs des Morts, lorsque l'un ou l'autre meurt; tu vois donc bien que la perte de la vie ne nous éfarouche pas, quoique nous ne soïons pas bien certains de la route que nos ames prénent. Aprés cela que me répondras-tu? II. Si le Fils du grand Esprit avoit autant de pouvoir que son Pére, il n'avoit que faire de le prier de lui sauver la vie, puisqu'il pouvoit lui même se garantir de la mort, & qu'en priant son Pere il se prioit soi-même. Pour moy, mon cher Frére, je ne conçois rien de tout ce que tu veux que je conçoive.

LAHONTAN.

Tu avois bien raison de me dire tout à l'heure, que la portée de ton esprit ne s'étend pas un pouce au dessus de la superficie de la Terre. Tes raisonnemens le prouvent assez. Apres cela, je ne m'étonne pas si les Jésuites ont tant de peine à te prêcher, & à te faire entendre les saintes Veritez. Je suis fou de raisonner avec un Sauvage qui n'est pas capable de distinguer une supposition chimérique d'un principe assûré, ni une consequence bien tirée, d'une fausse. Comme, par exemple, lorsque tu tu as dit que Dieu vouloit sauver tous les hommes, & que pourtant il y en auroit peu de sauvez; tu as trouvé de la contradiction à cela; cependant, il n'y en a point. Car il veut sauver tous les hommes qui le voudront eux-mêmes en suivant sa Loy & ses préceptes; ceux qui croiront son incarnation, la vérité des Evangiles, la recompense des bons, le châtiment des méchans, & l'éternité. Mais, comme il se trouvera peu de ces gens là, tous les autres iront brûler éternellement dans ce lieu de feux & de flammes, dont tu te moques. Prens garde de n'estre pas du nombre de ces derniers; j'en serois fâché, parce que je suis t'on ami; alors tu ne diras pas que l'Evangile est plein de contradictions & de chiméres. Tu ne demanderas plus de preuves grossiéres de toutes les vérités que je t'ai dit; tu te repentiras bien d'avoir traité nos Evangelistes d'imbéciles Conteurs de fables: mais il n'en sera plus temps; songe à tout ceci, & ne sois pas si obstiné; car, en vérité, si tu ne te rens aux raisons incontestables que je donne sur nos mistéres, je ne parleray de ma vie avec toy.

ADARIO.

Ha! mon Frére, ne te fâche pas, je ne prétens pas t'ofenser en t'opposant les miennes. Je ne t'empêche pas de croire tes Evangiles. Je te prie seulement de me permétre que je puisse douter de tout ce que tu viens de m'expliquer. Il n'est rien de si naturel aux Chrêtiens, que d'avoir de la foy pour les saintes Ecritures, parce que dés leur enfance on leur en parle tant, qu'à l'imimitation de tant de gens élevés dans la même créance, ils les ont tellement imprimées dans l'imagination, que la raison n'a plus la force d'agir sur leurs esprits déja prévenus de la vérité de ces Evangiles ; il n'est rien de si raisonnable à des gens sans préjugés, comme sont les Hurons, d'examiner les choses de prés. Or, aprés avoir fait bien des réfléxions, depuis dix Années, sur ce que les Jésuites nous disent de la vie & de la mort du Fils du grand Esprit, tous mes Hurons te donneront vint raisons qui prouveront le contraire : pour moy, j'ai toûjours soûtenu que, s'il étoit possible qu'il eût eu la bassesse de décendre sur terre, il se seroit manifesté à tous les Peuples qui l'habitent. Il seroit décendu en triomphe avec éclat & Majesté, à la veüe de quantité de gens. Il auroit ressuscité les morts, rendu la veüe aux aveugles, fait marcher les boîteux, guéri les malades par toute la terre ; enfin, il auroit parlé, & commandé ce qu'il vouloit qu'on fît ; il seroit allé de Nation en Nation faire ces grands miracles pour donner la même Loy à tout le monde ; alors nous n'aurions tous qu'une même Religion, & cette grande uniformité qui se trouveroit par tout, prouveroit à nos Décendans d'ici à dix mille ans, la verité de cette Réligion connue aux quatre coins de la Terre, dans une même égalité : au lieu qu'il s'en trouve plus de cinq ou six cens diférentes les unes des autres, parmi lesquelles celle des François est l'unique, qui soit bonne, sainte & véritable, suivant ton raisonement. Enfin, aprés avoir songé mille fois

à

à toutes ces énigmes que vous appelez mistéres, j'ay creu qu'il faloit estré né au delà du grand Lac, c'est à dire estre Anglois ou François pour les conçevoir. Car dez qu'on me dira que Dieu, dont on ne peut se représenter la figure, puisse produire un Fils sous celle d'un homme, je répondrai qu'une femme ne sçauroit produire un Castor, parce que chaque Espéce dans la nature y produit son semblable. Et si les hommes étoient tous au Diable, avant la venüe du Fils de Dieu, quelle apparence y a-t'il qu'il eût pris la forme des Créatures qui estoient au Diable? n'en eust-il pas pris une diférente & plus belle & plus pompeuse? Cela se pouvoit d'autant mieux que la troisiéme Personne de cette Trinité (si incompatible avec l'unité) a pris la forme d'une Colombe.

LAHONTAN.

Tu viens de faire un sistéme sauvage par une profusion de Chiméres, qui ne signifie rien. Encore une fois ce seroit en vain que je chercherois à te convaincre par des raisons solides, puisque tu n'es pas capable de les entendre. Je te renvoye aux Jésuites; Cependant je te veux faire concevoir une chose fort aisée & qui est de la sphére de ton génie; C'est qu'il ne sufit pas de croire, pour aller chez le grand Esprit, ces grandes veritez de l'Evangile que tu nies, il faut inviolablement observer les commandemens de la Loy qui y est contenue, c'est à dire n'adorer que le grand Esprit seul, ne point travailler les jours de la grande priére, honorer son pére & sa mére, ne point coucher avec les filles, ni même les desirer, que pour le mariage, ne tuer, ni faire tuer persone, ne dire du mal de ses fréres, ni mentir ; ne point toucher aux femmes mariées, ne prendre point le bien de ses fréres ; aller à la Messe les jours marqués par les Jésuites, & jeûner certains jours de la Semaine, car tu aurois beau croire tout ce que nous croïons des saintes Ecritures, ces préceptes y étant compris, il faut les observer, ou brûler éternellement aprez la mort.

ADARIO.

Ha ! mon cher Frére, voilà où je t'attendois. Vraîment il y a long temps que je sçai tout ce que tu me viens d'expliquer à présent. C'est ce que je trouve de raisonable dans ce Livre de l'Evangile, rien n'est plus juste ni plus plausible que ces ordonances. Tu viens de me dire que si on ne les exécute pas, & qu'on ne suive pas ponctuellement ces commandemens, la créance & la foy des Evangiles, est inutile ; pourquoy donc est-ce que les François le croient en se moquant de ces préceptes ? Voilà une Contradiction manifeste. Car I. à légard de l'adoration du grand Esprit, je n'en connois aucune marque dans vos actions, & cette adoration ne consiste qu'en paroles pour nous tromper. Par exemple, ne vois-je pas tous les jours que les Marchands disent en trafiquant nos Castors ; *Mes marchandises me coûtent tant, aussi vray que j'adore Dieu, je perds tant avec toy, vray comme Dieu est au Ciel.* Mais, je ne vois pas qu'ils lui fassent des sacrifices des meilleures ses marchandises qu'ils ont, comme nous faisons, lorsque nous les avons achetées d'eux, & que nous les brûlons en leur présence. II. Pour le travail des jours de la grande Priére, je ne conçois pas que vous fassiez de la différence de ceux-là aux autres ; car j'ay veu vint fois des François qui trafiquoient des péleteries, qui faisoient des filets ; qui joüoient, se quérelloient, se batoient, se souloient, & faisoient cent autres folies. III. Pour la vénération de vos Péres, c'est une chose extraordinaire parmi vous de suivre leurs conseils ; vous les laissez mourir de faim, vous-vous séparez d'eux, vous faites cabane à part ; vous étes toûjours prêts à leur demander, & jamais à leur donner ; & si vous espérez quelque chose d'eux, vous leur souhaitez la mort, ou du moins vous l'attendés avec impatiénce. IV. Pour la continence envers le séxe, qui sont ceux parmi vous, à la reserve des Jésuites, qui l'aïent jamais gardée ? Ne voïons-nous pas tous les jours vos jeunes gens, poursuivre nos filles & nos femmes jusques dans les champs, pour les séduire par des présens, courir toutes les nuits de Cabane en Cabane dans nôtre Village pour les débaucher, & ne sçais-tu pas toy même combien d'affaires se sont passées parmi tes propres soldats ? V. A l'égard du meurtre, il est si ordinaire parmi vous, il est si fréquent, que pour la moindre chose, vous métez l'épée à la main, & vous-vous tuez. Quand j'estois à Paris, on y trouvoit toutes les nuits des gens percez de coups ; & sur les chemins de là à la Rochelle, on me dit qu'il faloit que je prisse bien garde de perdre la vie.

VI. Ne

VI. Ne dire du mal de ſes fréres, ni mentir, ſont des choſes dont vous-vous abſtiendriez moins que de boire & de manger, je n'ay jamais oüi parler quatre François enſemble ſans dire du mal de quelqu'un, & ſi tu ſçavois ce que j'ay entendu publier du Viceroy, de l'Intendant, des Jéſuites, & de mille gens que tu connois, & peut-être de toy même, tu verrois bien que les François ſe ſçavent déchirer de la belle maniére. Pour mentir, je ſoûtiens qu'il n'y a pas un Marchand icy qui ne diſe vingt menteries pour nous vendre la valeur d'un Caſtor de marchandiſe, ſans conter celles qu'ils diſent pour difamer leurs camarades. VII. Ne point toucher aux femmes mariées, il ne faut que vous entendre parler quand vous avez un peu bû, on peut aprendre ſur cette matiére bien des hiſtoires, on n'a qu'à compter les enfans que les femmes des Coureurs de bois ſçavent faire pendant l'abſence de leurs Maris. VIII. Ne point prendre le bien d'autrui: Combien de vols n'as-tu pas veu faire depuis que tu és ici entre les Coureurs de bois qui y ſont? N'en a t-on pas pris ſur le fait, n'en a t-on pas châtié? N'eſt-ce pas une choſe ordinaire dans vos Villes, peut-on marcher la nuit en ſureté, ni laiſſer ſes portes ouvertes? IX. Aller à voſtre Meſſe pour prêter l'oreille aux paroles d'une langue qu'on n'entend pas; il eſt vray que le plus ſouvent les François y vont, mais c'eſt pour y ſonger à toute autre choſe qu'à la priére. A Quebec les Hommes y vont pour voir les Femmes, & celles-ci pour voir les Hommes: J'en ay veu qui ſe font porter des Couſ-

Coussins, de peur de gâter leurs bas, & leurs jupes, elles s'asséient sur leurs talons, elles tirent un Livre d'un grand sac, elles le tiennent ouvert en regardant plûtôt les Hommes qui leur plaisent, que les priéres qui sont dedans. La plûpart des François y prénent du tabac en poudre, y parlent, y rient & chantent plutôt par divertissement que par devotion. Et qui pis est, je sçai que pendant le temps de cette priére plusieurs Femmes & filles en profitent pour leurs galanteries, demeurant seules dans leurs maisons. A l'égard de vostre jeûne, il est plaisant. Vous mangez de toute sorte de poisson à crever, des oeufs, & mille autres choses, & vous apellez cela jeuner? Enfin, Mon cher Frére, vous autres François prétendez tous tant que vous étes avoir de la foy, & vous étes des incrédules; vous voulez passer pour sages, & vous etes foux, vous-vous croyez des gens d'esprit, & vous étes de présomptueux ignorans.

LAHONTAN.

Cette Conclusion, mon cher Ami, est un peu Hurone, en décidant de tous les François en général; si cela estoit, aucun deux n'iroit en paradis; or nous sçavons qu'il y a des millions de bienheureux que nous apellons des Saints, & dont tu vois les Images dans nos Eglises. Il est bien vray que peu de François ont cette véritable foy, qui est l'unique principe de la piété; plusieurs font profession de croire les véritez de nostre Religion, mais cette créance n'est ni assez forte, ni assez vive en eux. J'avoue que la plûpart conoissans

sans les Véritez Divines, & faisans profession de les croire, agissent tout au contraire de ce que la Foy & la Religion ordonnent. Je ne sçaurois nier la contradiction que tu as remarquée. Mais il faut considérer que les hommes péchent quelquefois contre les lumiéres de leur conscience, & qu'il y a des gens bien instruits qui vivent mal. Cela peut arriver ou par le défaut d'attention, ou par la force de leurs passions, par leurs attachemens aux interests temporels : l'homme corrompu comme il est, est emporté vers le mal par tant d'endroits, & par un penchant si fort, qu'à moins du nécessité absolue, il est dificile qu'il y renonce.

ADARIO.

Quand tu parles de l'homme, di l'homme François ; car tu sçais bien que ces passions, cet intérêt, & cette corruption, dont tu parles, ne sont pas connues chez nous. Or ce n'est pas là ce que je veux dire : écoute mon Frére, j'ay parlé trés souvent à des François sur tous les vices qui régnent parmi eux, & quand je leur ai fait voir qu'ils n'observoient nullement les loix de leur Réligion ; ils m'ont avoüé quil étoit vray, qu'ils le voïoient & qu'ils le conoissoient perfaitement bien, mais qu'il leur étoit impossible de les observer. Je leur ay demandé s'ils ne croyoient pas que leurs ames brûleroient éternellement : ils m'ont répondu que la miséricorde de Dieu est si grande, que quiconque a de la confiance en sa bonté, sera pardonné ; que l'Evangile est une Alliance de grace dans laquelle Dieu s'accommode à l'état & à la foiblesse

blesse de l'Homme qui est tenté par tant d'attraits violens si fréquemment qu'il est obligé de succomber ; & qu'enfin ce Monde estant le lieu de la corruption, il n'y aura de la pureté dans l'homme corrompu si ce n'est dans le Païs de Dieu. Voilà une Morale moins rigide que celle des Jésuites ; les quels nous envoyent en enfer pour une bagatéle. Ces François ont raison de dire qu'il est impossible d'observer cette Loi, pendant que *le Tien*, & *le Mien* subsistera parmi vous autres. C'est un fait aisé à prouver par l'exemple de tous les Sauvages de Canada ; puisque malgré leur pauvreté ils sont plus riches que vous, à qui *le Tien* & *le Mien* fait commettre toutes sortes de Crimes.

LAHONTAN.

J'avoüe, mon cher Frére, que tu as raison, & je ne sçaurois me lasser d'admirer l'innocence de tous les Peuples sauvages. C'est ce qui fait que je souhaiterois de tout mon cœur qu'ils connussent la sainteté de nos Ecritures, cest à dire cet Evangile dont nous avons tant parlé ; il ne leur manqueroit autre chose que cela pour rendre leurs ames éternellement bienheureuses. Vous vivés tous si moralement bien que vous n'auriez qu'une seule dificulté à surmonter pour aller en paradis. C'est la fornication parmi les gens libres de l'un & de l'autre Séxe, & la liberté qu'ont les hommes & les femmes de rompre leurs mariages, pour changer reciproquement, & s'accommoder au choix de nouvelles Personnes. Car le grand Esprit a dit que la mort ou l'adultére pouvoient seuls rompre ce lien indissoluble.

A-

Nous parlerons une autre fois de ce grand obstacle que tu trouves à nôtre salut,avec plus d'attention ; cependant je me contenterai de te donner une seule raison sur l'un de ces deux points,c'est de la liberté desFilles &desGarçons. Premiérement un jeune Guerrier ne veut point s'engager à prendre une femme qu'il n'ait fait quelque Campagne contre les Iroquois, pris des esclaves pour le servir à son village, à la chasse, & à la pêche, & qu'il ne sçache parfaitement bien chasser & pêcher ; d'ailleurs, il ne veut pas s'énerver par le fréquent exercice de l'acte vénérien, dans le temps que sa force luy permet de servir sa Nation contre ses Ennemis: outre qu'il ne veut pas exposer une femme & des enfans à la douleur de le voir tué ou pris. Or, comme il est impossible qu'un jeune homme puisse se contenir totalement sur cette matiére, il ne faut pas trouver mauvais que les Garçons une ou deux fois le mois, recherchent la compagnie des Filles, & que ces Filles soufrent celle des Garçons ; sans cela, nos jeunes gens en seroient extrémement incommodés, comme l'exemple l'a fait voir envers plusieurs, qui, pour mieux courir, avoient gardé la continence ; & d'ailleurs nos Filles auroient la bassesse de se donner à nos Esclaves.

LAHONTAN.

Croi-moy, mon cher Ami, Dieu ne se paye pas de ces raisons-là, il veut qu'on se marie, ou qu'on n'ait aucun commerce avec le Séxe. Car pour une seule pensée amoureuse, un seul desir, une simple volonté de con-

contenter ſa paſſion brutale , il faut brûler éternellement. Et quand tu trouves de l'impoſſibilité dans la Continence, tu donnes un démenti à Dieu , car il n'a ordonné que des choſes poſſibles. On peut ſe modérer quand on le veut; il ne faut que le vouloir. Tout homme qui croit en Dieu doit ſuivre ces préceptes, comme nous avons dit. On réſiſte à la tentation par le ſecours de ſa grace qui ne nous manque jamais. Voi , par exemple, les Jéſuites , crois-tu qu'ils ne ſoient pas tentés, quand ils voyent de belles filles dans ton Village? Sans contredit ils le ſont; mais ils apellent Dieu à leur ſecours; ils paſſent leur vie , auſſi bien que nos Prêtres, ſans ſe marier, ni ſans avoir aucun commerce criminel avec le Séxe. C'eſt une promeſſe ſolemnelle qu'ils font à Dieu, quand ils endoſſent l'habit noir. Ils combatent toute leur vie les tentations ; il ſe faut faire de la violence pour gagner le Ciel: il faut fuir les occaſions de peur de tomber dans le péché. On ne ſçauroit mieux les éviter qu'en ſe jettant dans les Cloiſtres.

ADARIO.

Je ne voudrois pas pour dix Caſtors être obligé de garder le ſilence ſur cette matiére. Premiérement ces gens-là font un crime en jurant la Continence ; Car Dieu ayant créé autant d'hommes , que de femmes, il a voulu que les uns & les autres travaillaſſent à la propagation du genre humain. Toutes choſes multiplient dans la Nature, les Bois, les Plantes , les Oiſeaux , les Animaux & les Inſectes. C'eſt une leçon qu'ils nous donnent

nent tous les ans. Et les gens qui ne font pas ainsi sont inutiles aut monde, ne sont bons que pour eux-mêmes, & ils volent à la terre le bled qu'elle leur donne, puisqu'ils n'en font aucun usage, selon vos principes. Ils font un second Crime quand ils violent leur serment (ce qui leur est assez ordinaire) car ils se moquent de la parole & de la foy qu'il ont donnée au grand Esprit. En voici un troisiéme qui en améne un quatriéme, dans le commerce qu'ils ont soit avec les filles, ou avec les femmes. Si c'est avec les filles il est constant qu'ils leur ôtent en les déflorant ce qu'ils ne sçauroient jamais leur rendre, c'est à dire cette fleur que les François veulent cuéillir eux-mêmes, quand ils se marient, & laquelle ils estiment un trésor dont le vol est un des grands crimes qu'ils puissent faire. En voilà déja un, & l'autre est que pour les garentir de la grossesse, ils prenent des précautions abominables, en faisant l'ouvrage à demi; si c'est avec les femmes, ils sont responsables de l'adultére & du mauvais ménage qu'elles font avec leurs maris. Et de plus les enfans qui en proviennent sont des voleurs qui vivent aux dépens de leurs demi-fréres. Le cinquiéme crime qu'ils commétent, consiste dans les voyes illégitimes & profanes dont ils se servent pour assouvir leur passion brutale; car comme ce sont eux qui prêchent vôtre Evangile, ils leur font entendre en particulier, une explication bien diférente de celle qu'ils débitent en public, sans quoy ils ne pourroient pas autoriser leur libertinage, qui passe pour crime

me ſelon vous autres. Tu vois bien que je parle juſte, & que j'ay veu en France ces bons Prêtres noirs ne pas câcher leurs viſages avec leurs chapeaux, quand ils voyent les femmes. Encore une fois, mon cher Frére, il eſt impoſſible de ſe paſſer d'elles à un certain âge, encore moins de n'y pas penſer. Toute cette réſiſtance, ces efforts dont tu parles, ſont des contes à dormir debout. De même cette occaſion que tu prétens qu'on évite en s'enfermant dans le Couvent, pourquoy ſoufre-t'on que les jeunes Prêtres ou Moines confeſſent des filles & des femmes? Eſt-ce fuir les occaſions? n'eſt-ce pas plûtôt les chercher? Qui eſt l'homme au monde qui peut entendre certaines galanteries dans les Confeſſionaux, ſans être hors de ſoy même? ſur tout des gens ſains, jeunes & robuſtes qui ne travaillent point, & ne mangent que des viandes nourriſſantes, aſſaiſonnées de cent drogues, qui échauffent aſſez le ſang ſans autre provocation. Pour moy je m'étonne aprez cela qu'il y ait un ſeul Eccléſiaſtique qui aille dans ce paradis du grand Eſprit; & tu ozes me ſoûtenir que ces gens-là ſe font Moines & Prêtres pour éviter le péché, pendant qu'il ſont adonnez à toutes ſortes de vices? Je ſçay par d'habiles François que ceux d'entre vous qui ſe font Prêtres ou Moines ne ſongent qu'à vivre à leur aiſe, ſans travail, ſans inquiétude, de peur de mourir de faim, ou d'aller à l'Armée. Pour bien faire il faudroit que tous ces gens-là ſe mariaſſent, & qu'il demeuraſſent chacun dans leur ménage; ou tout au moins ne recevoir de Prêtres ou de Moines au deſſous de l'âge de 60 ans. Alors ils pourroient confesser, prêcher, visiter sans scrupule les familles, par leur exemple édifier tout le Monde. Alors, dis-je, ils ne pourroient séduire ni femmes ni filles. Ils seroient sages, modérés, considérez par leur vieillesse & par leur conduite, & la Nation n'y perdroit rien, puis qu'à cet âge-là on est hors d'état de faire la guerre.

LAHONTAN.

Je t'ay déja dit une fois qu'il ne falloit pas comprendre tout le Monde en des choses ou trés-peu de gens ont part. Il est vray qu'il y en peut avoir quelques-uns qui ne se font Moines ou Prêtres que pour subsister commodément, & qui abandonnant les devoirs de leur Ministére, se contentent d'en tirer les revenus. J'avoüe qu'il y en a d'yvrognes, de violens, & d'emportés dans leurs actions & dans leurs paroles; qu'il s'en trouve d'une avarice sordide, & d'un attachement extréme à leur interest; d'orgueilleux, d'implacables dans leurs haines, de paillards, de débauchez, de jureurs, d'ypocrites, d'ignorans, de mondains de médisans, &c. mais le nombre en est trés petit, parce qu'on ne reçoit dans l'Eglise que des gens sages dont on soit bien assûré, on les éprouve, & on tâche de connoistre le fond de leur ame avant que de les y admétre. Néanmoins, quelque précaution qu'on prenne, il ne se peut faire qu'on n'y soit trompé quelquefois; C'est pourtant un malheur, car lorsque ces vices paroissent dans la conduite de ces gens-là, c'est asseurément le plus grand des scandales; dez là les paroles

roles saintes se salissent dans leur bouche, les Loix de Dieu sont méprisées, les choses divines ne sont plus respectées; le Ministére s'avilit, la Religion en général tombe dans le mépris; & le peuple n'estant plus retenu par le respect que l'on doit avoir pour la Réligion se donne une entiere licence. Mais il faut que tu saches que nous-nous réglons plûtôt par la doctrine que par l'exemple de ces indignes Ecclésiastiques. Nous ne faisons pas comme vous autres, qui n'avez pas le discernement & la fermeté necessaires pour sçavoir ainsi séparer la doctrine d'avec l'exemple, & pour n'estre pas ébranlez par les scandales que donnent ceux que tu as veu à Paris; dont la vie & la prédication ne s'acordent pas. Enfin tout ce que j'ay à te dire, c'est que le Pape recommandant expressément à nos Evêques de ne conferér à aucun Sujet indigne les Ordres Ecclésiastiques, ils prénent bien garde à ce qu'ils font, & ils tâchent en même temps de ramener à leur devoir ceux qui s'en écartent.

ADARIO.

C'est quelque chose d'étrange que depuis que nous parlons ensemble, tu ne me répondes que superficiellement sur toutes les objections que je t'ay fait; Je voi que tu cherches des détours, & que tu t'éloignes toûjours du sujet de mes questions. Mais à propos du Pape, il faut que tu sçaches, qu'un Anglois me disoit un jour à la *Nieu-Jorc*, que c'estoit comme nous un homme, mais un homme qui envoyoit en enfer tous ceux qu'il excommunioit, qu'il faisoit sortir d'un second lieu de flammes, que tu as oublié, tous ceux qu'il vouloit, & qu'il ouvroit les portes du Païs du grand Esprit à qui bon luy sembloit, parce qu'il avoit les Clefs de ce bon Païs-là; si cela est, tous ses amis devroient donc se tuer quand il meurt, pour se trouver à l'ouverture des portes en sa Compagnie; & s'il a le pouvoir d'envoyer les ames dans le feu éternél, il est dangéreux d'être de ses ennemis, Ce même Anglois ajoûtoit que cette grande autorité ne s'étendoit nullement sur la Nation Angloise, & qu'on se moquoit de luy en Angleterre. Di-moy, je te prie, s'il a dit la vérité.

LAHONTAN.

Il y auroit tant de choses à raconter sur cette question, qu'il me faudroit quinze jours pour te les expliquer. Les Jésuites te les distingueront mieux que moy. Néamoins je puis te dire en passant que l'Anglois railloit en disant quelques véritez. Il avoit raison de te persuader que les gens de sa Réligion ne demandent pas au Pape le chemin du Ciel, puisque cette foy vive, dont nous avons tant parlé, les y conduit en disant des injures à ce saint homme. Le fils de Dieu veut les sauver tous par son sang & par ses mérites; Or s'il le veut, il faut que cela soit. Ainsi, tu vois bien qu'ils sont plus heureux que les François dont ce Dieu exige de bonnes œuvres qu'ils ne font guéres. Sur ce pied là nous allons en enfer, si nous contrevenons par nos méchantes actions au Commandement de Dieu dont nous avons parlé, quoique nous ayons la mê-

même foy qu'eux. A l'égard du second lieu de flammes, dont tu parles, & que nous appellons le Purgatoire, ils sont exempts d'y passer, car ils aimeroient mieux vivre éternellement sur la Terre, sans jamais aller en paradis, que de brûler des milliers d'années chemin faisant. Ils sont si délicats sur le point d'honneur, qu'ils n'accepteroient jamais de presens au prix de quelques bastonades. On ne fait pas, selon eux, une grace à un homme lorsqu'on le maltraite en luy donnant de l'argent, c'est plûtôt une injure. Mais les François, qui sont moins scrupuleux que les Anglois, tiénent pour une grande faveur, celle de brûler une infinité de siécles dans ce Purgatoire, parce qu'ils connoissent mieux le prix du Ciel.

Or comme le Pape est leur Créancier, & qu'il leur demande la restitution de ses biens, ils n'ont garde de luy demander ses pardons, c'est à dire un passeport pour aller en paradis, sans passer en Purgatoire; car il leur donneroit plûtôt pour aller à cet enfer, qu'ils prétendent n'avoir jamais esté fait pour eux. Mais nous autres François qui luy faisons une rente assez belle, par la connoissance que nous avons de son pouvoir extréme, & des péchez que nous commettons tous contre Dieu, il faut de nécessité que nous ayons recours aux indulgences de ce saint homme, pour en obtenir un pardon qu'il a pouvoir de nous acorder; & tel parmi nous qui seroit condamné à quarante mille ans de Purgatoire, avant que d'aller au Ciel, peut en estre quitte pour une seule parole du Pape. Les Jésuites, comme je te l'ai déja dit, t'expliqueront à merveilles le pouvoir du Pape, & l'état du Purgatoire. A-

La diférence que je trouve entre vôtre créance, & celle des Anglois, embarasse si fort mon esprit, que plus je cherche à m'éclaircir, & moins je trouve de lumiéres. Vous feriez mieux de dire tous tant que vous étes, que le grand Esprit a donné des lumiéres sufisantes à tous les hommes, pour conoître ce qu'ils doivent croire & ce qu'il doivent faire, sans se tromper. Car j'ay oui dire que parmi chacune de ces Réligions diférentes, il s'y trouve un nombre de gens de diverses opinions; comme, par exemple, dans la vôtre chaque Ordre Religieux soutient certains points diférents des autres, & se conduit aussi diversement en ses Instituts qu'en ses habits, cela me fait croire qu'en Europe chacun se fait une religion à sa mode, diférente de celle dont il fait profession extérieure. Pour moy, je croy que les hommes sont dans l'impuissance de conoître ce que le grand Esprit demande d'eux, & je ne puis n'empêcher de croire que ce grand Esprit estant aussi juste & aussi bon qu'il l'est, sa justice ait pû rendre le salut des hommes si dificile, qu'ils seront tous damnés hors de vostre religion, & que même peu de ceux qui la professent iront dans ce grand paradis. Croi-moy, les affaires de l'autre monde sont bien diférentes de celles-ci. Peu de gens sçavent ce qui s'y passe. Ce que nous sçavons c'est que nous autres Hurons ne sommes pas les auteurs de nôtre création; que le grand Esprit nous a fait honnêtes gens, en vous faisant des scelerats qu'il envoye sur nos Ter-

res,

res, pour corriger nos défauts & suivre nostre exemple. Ainsi, mon Frére, croi tout ce que tu voudras, aïe tant de foy qu'il te plaira, tu n'iras jamais dans le bon pais des Ames si tu ne te fais Huron. L'innocence de nôtre vie, l'amour que nous avons pour nos fréres, la tranquillité d'ame dont nous jouissons par le mépris de l'intérest, sont trois choses que le grand Esprit exige de tous les hommes en général. Nous les pratiquons naturellement dans nos Villages, pendant que les Européans se déchirent, se volent, se diffament, se tuent dans leurs Villes, eux qui voulant aller au pais des Ames ne songent jamais à leur Créateur, que lors qu'ils en parlent avec les Hurons. Adieu, mon cher Frére, il se fait tard; je me retire dans ma Cabane pour songer à tout ce que tu m'as dit, afin que je m'en ressouvienne demain, lorsque nous raisonnerons avec le Jésuite.

DES LOIX.

LAHONTAN.

Et bien, mon Ami, tu as entendu le Jésuite, il t'a parlé clair, il t'a bien mieux expliqué les choses que moy. Tu vois bien qu'il y a de la diférence de ses raisonemens aux miens. Nous autres gens de guerre ne sçavons que superficiellement nôtre réligion, qui est pourtant une sçience que nous devrions sçavoir le mieux : mais les Jésuites la possédent à tel point, qu'ils ne manquent jamais de convaincre les Peuples de la Terre les plus incrédules & les plus obstinez.

A te parler franchement, mon cher Frére, je n'ay pû concevoir quasi rien de ce qu'il m'a dit, & je suis fort trompé s'il l'a compris luy même. Il m'a dit cent fois les mêmes choses dans ma Cabane, & tu as bien pû remarquer que je luy répondis vint fois hier, que j'avois déja entendu ses raisonnements à diverses reprises. Ce que je trouve encore de ridicule, c'est qu'il me persécute à tout moment de les expliquer mot pour mot au gens de ma Nation, parce que, dit-il, ayant de l'esprit, je puis trouver des termes assez expressifs dans ma Langue pour rendre le sens de ses paroles plus intelligible que luy, à qui le langage Huron n'est pas assez bien connu. Tu as bien veu que je luy ay dit qu'il pouvoit baptizer tous les enfans qu'il voudroit, quoi qu'il n'ait sçeu me faire entendre ce que c'est que le bâtême. Qu'il fasse tout ce qu'il voudra dans mon Village, qu'il y fasse des Chrêtiens, qu'il prêche, qu'il bâtize, je ne l'en empêche pas. C'est assez parler de Religion; venons à ce que vous appellez *les Loix*; c'est un mot comme tu sçais que nous ignorons dans nôstre langue; mais j'en connois la force & l'expression, par l'explication que tu me donnas l'autre jour; avec les exemples que tu ajoûtas pour me le faire mieux concevoir. Di-moy, je te prie, les Loix n'est-ce pas dire les choses justes & raisonnables? Tu dis qu'oüy; & bien, observer les Loix c'est donc observer les choses justes & raisonnables. Si cela est, il faut que vous preniez ces choses justes & raisonnables dans un autre sens que

nous,

nous ; ou que, si vous les entendés de même, vous ne les suiviez jamais.

LAHONTAN.

Vraîment tu fais là de beaux contes & de belles distinctions ! est ce que tu n'as pas l'esprit de concevoir depuis 20. ans, que ce qui s'appelle raison, parmi les Hurons, est aussi raison parmi les François ? Il est bien sûr que tout le Monde n'observe pas ces Loix, car si on les observoit, nous n'aurions que faire de châtier personne ; alors ces Juges que tu as veu à Paris & à Quebec, seroient obligés de chercher à vivre par d'autres voies. Mais comme le bien de la societé consiste dans la justice & dans l'observance de ces Loix, il faut châtier les méchans, & recompenser les bons ; sans cela tout le Monde s'égorgeroit, on se pilleroit, on se diffameroit, en un mot, nous serions les gens du Monde les plus malheureux.

ADARIO.

Vous l'étes assez déja, je ne conçoi pas que vous puissiez l'être davantage. O quel genre d'hommes sont les Européans ! O quelle sorte de creatures ! qui font le bien par force, & n'évitent à faire le mal que par la crainte des châtimens ? Si je te demandois ce que c'est qu'un homme, tu me repondrois que c'est un François, & moi je te prouverai que c'est plûtôt un Castor. Car un homme n'est pas homme à cause qu'il est planté droit sur ses deux pieds, qu'il sçait lire & écrire, & qu'il a mille autres industries. J'apelle un homme celui qui a un penchant natureli turel à faire le bien & qui ne ſonge jamais à faire du mal. Tu vois bien que nous n'avons point des Juges ; pourquoy ? parceque nous n'avons point de quérelles ni de procez. Mais pourquoy n'avons nous pas de procez ? C'eſt parceque nous ne voulons point recevoir ni connoître l'argent. Pourquoy eſt-ce que nous ne voulons pas admétre cet argent? c'eſt parce que nous ne voulons pas de loix, & que depuis que le monde eſt monde nos Péres ont vêcu ſans cela. Au reſte, il eſt faux, comme je l'ay déja dit, que le mot de Loix ſignifie parmi nous les choſes juſtes & raiſonables, puis que les riches s'en moquent & qu'il n'y a que les malheureux qui les ſuivent. Venons donc à ces loix ou choſes raiſonnables. Il y a cinquante ans que les Gouverneurs de Canada prétendent que nous ſoyons ſous les Loix de leur grand Capitaine. Nous-nous contentons de nier noſtre dépendance de tout autre que du grand Eſprit ; nous ſommes nez libres & fréres unis, auſſi grands Maîtres les uns que les autres; au lieu que vous étes tous des eſclaves d'un ſeul homme. Si nous ne répondons pas que nous prétendons que tous les François dépendent de nous, c'eſt que nous voulons éviter des quérelles. Car ſur quel droits & ſur quelle autorité fondent-ils cette prétention ? Eſt-ce que nous-nous ſommes vendus à ce grand Capitaine ? Avons nous été en France vous chercher ? C'eſt vous qui eſtes venus ici nous trouver. Qui vous a donné tous les païs que vous habitez ? De quel droit les poſſédez vous ? Ils apartiénent aux *Algonkins* depuis toûjours.

jours. Ma foy, mon cher Frére, je te plains dans l'ame ; Croi-moy, fais toy Huron. Car je voi la différence de ma condition à la tienn. Je suis maître de mon corps, je dispose de moy-même, je fais ce que je veux, je suis le premier & le dernier de ma Nation ; je ne crains personne, & ne dépens uniquement que du grand Esprit. Au lieu que ton corps & ta vie dépend de ton grand Capitaine; son Viceroy dispose de toi, tu ne fais pas ce que tu veux, tu crains voleurs, faux témoins, assassins &c. Tu dépens de mille gens que les Emplois ont mis au dessus de toy. Est-il vray ou non ? sont-ce des choses improbables & invisibles? Ha ! mon cher Frére, tu vois bien que j'ay raison ; cependant tu aimes encore mieux estre Esclave François, que libre Huron ; O le bel homme qu'un François avec ses belles Loix, qui croyant estre bien sage est assûrement bien fou ! puis qu'il demeure dans l'esclavage & dans la dépendance, pendant que les Animaux mêmes joüissant de cette adorable Liberté, ne craignent, comme nous, que des ennemis étrangers.

LAHONTAN.

En vérité, mon Ami, tes raisonnemens sont aussi sauvages que toy. Je ne conçoi pas qu'un homme d'esprit & qui a esté en France & à la Nouvelle Angleterre puisse parler de la sorte. Que te sert-il d'avoir vû nos Villes, nos Forteresses, nos Palais, nos Arts, nôtre industrie & nos plaisirs ? Et quand tu parles de Loix sévéres, d'esclavage, & de mille autres sotises, il est seur que tu prêches contre ton sentitiment. Il te fait beau voir me citer la félicité des Hurons, d'un tas de gens qui ne font que boire, manger, dormir, chasser, & pêcher, qui n'ont aucune commodité de la vie, qui font quatre cens lieües à pied pour aller assommer quatre Jroquois, en un mot, des hommes qui n'en ont que la figure. Au lieu que nous avons nos aises, nos commoditez; & mille plaisirs, qui font trouver les momens de la vie supportables ; il ne faut qu'estre honnête homme & ne faire de mal à personne, pour n'être pas exposé à ces Loix, qui ne sont sévéres qu'envers les scélerats & les méchans.

ADARIO.

Vraîment, Mon cher Frére, tu aurois beau estre honnête homme, si deux faux témoins avoient juré ta perte, tu verrois bien si les Loix sont sévéres ou non. Est-ce que les Coureurs de bois ne m'ont pas cité vint exemples de gens innocens que vos Loix ont fait mourir cruellement, & dont on n'a reconnu l'innocence qu'aprés leur mort. Je ne sçay pas si cela est vray; mais je voi bien que cela peut être. Ne m'ont-ils pas dit encore (quoique je l'eusse oüi conter en France) qu'on fait soufrir des tourmens épouvantables à de pauvres innocens, pour leur faire avoüer, par la violence des tortures, tout le mal qu'on veut qu'ils aïent fait, & dix fois d'avantage. O quelle tirannie exécrable! Cependant les François prétendent estre des hommes. Les femmes ne sont pas plus exemptes de cette horrible cruauté, & les uns & les autres aiment mieux mourir une fois, que cinquante ; ils ont raison. Que si, par une force de courage ex-

extraordinaire, ils peuvent soufrir ces tourmens, sans avoüer ce crime qu'ils n'ont pas commis; quelle santé, quelle vie leur en reste-t-? Non non, mon cher Frére, les Diables noirs, dont les Jésuites nous parlent tant, ne sont pas dans le Païs où les ames brûlent; ils sont à Quebec & en France, avec les Loix, les faux Témoins, les commoditez de la vie, les Villes, les Forteresses & les plaisirs dont tu me viens de parler.

LAHONTAN.

Les Coureurs de Bois, & les autres qui t'ont fait de semblables contes, sans te raconter sur cela ce qu'ils ne connoissoient pas, sont des sots qui feroient mieux de se taire. Je veux t'expliquer l'affaire comme elle est. Supposons deux faux Témoins qui déposent contre un homme. On les met d'abord en deux Chambres séparées, où ils ne peuvent ni se voir ni se parler. On les interroge ensuite diverses fois l'un aprés l'autre, sur les mêmes déclarations qu'ils font contre l'Accusé; & les Juges ont tant de conscience qu'ils employent toute l'industrie possible pour découvrir si l'un des deux, ou tous les deux ensemble, ne se coupent point. Si par hazard on découvre de la fausseté dans leurs témoignages, ce qui est aisé à voir, on les fait mourir sans remission. Mais s'il paroît qu'ils ne se contredisent en rien; on les présente devant l'Accusé pour sçavoir s'il ne les recuse pas; & s'il se tient à leur conscience. S'il dit que oüi, & qu'en suite ces Témoins jurent par le grand Dieu, qu'ils ont veu tuer, violer, piller, &c.

les

les Juges le comdamnent à mort : A l'égard de la torture, elle ne se donne que quand il ne se trouve qu'un seul témoin, parce qu'il ne sufit pas, les Loix voulant que deux hommes soient une preuve sufisante, & qu'un seul homme soit une demi preuve ; mais il faut que tu remarques que les Juges prénent toute la précaution imaginable, de peur de rendre d'injustes jugemens.

ADARIO.

Je suis aussi sçavant que je l'estois ; car au bout du conte, deux faux Témoins s'entendent bien, avant que de se présenter, & la torture ne se donne pas moins par la déclaration d'un scelerat que par celle d'un honnête homme, qui, selon moy, cesseroit de l'être par son témoignage, quoiqu'il eut veu le crime. Ah! les bonnes gens que les François, qui, bien loin de se sauver la vie les uns aux autres, comme fréres, le pouvant faire, ne le font pas. Mais, di-moy, que pense-tu de ces Juges ? Est-il vray qu'il y en ait de si ignorans comme on dit, & d'autres si méchans, que pour un Ami, pour une Courtisane, pour un grand Seigneur, ou pour de l'argent, ils jugent injustement contre leurs consciences ? Je te voi déja prêt de dire que cela est faux ; que les Loix sont des choses justes & raisonables. Cependant je sçay que cela est aussi vray que nous sommes ici. Car celui qui a raison de demander son bien à un autre qui le posséde injustement, fait voir clair comme le jour la vérité de sa cause, n'atrape rien du tout, si ce Seigneur, cette Courtisane, cet

Ami

Ami & cet argent parlent pour sa partie, aux Juges, qui doivent décider l'afaire. Il en est de même pour les gens accusez de crime. Ha ! vive les Hurons, qui sans Loix, sans prisons, & sans tortures, passent la vie dans la douceur, dans la tranquillité, & joüissent d'un bonheur inconnu aux François. Nous vivons simplement sous les Loix de l'instinct, & de la conduite innocente que la Nature sage nous a imprimée dés le berceau. Nous sommes tous d'acord, & conformes en volontez, opinions & sentimens. Ainsi, nous passons la vie dans une si parfaite intelligence, qu'on ne voit parmi nous ni procez, ni dispute, ni chicanes. Ha! malheureux, que vous estes à plaindre d'estre exposés à des Loix auxquelles vos Juges ignorans, injustes & vicieux contreviennent autant par leur conduite particuliere qu'en l'administration de leurs Charges. Ce sont-là ces équitables Juges qui manquent de droiture, qui ne raportent leur Emploi qu'à leurs interêts, qui n'ont en veüe que de s'enrichir, qui ne sont accessibles qu'au démon de l'argent, qui n'administrent la justice que par un principe d'avarice, ou par passion, qui autorisant le crime exterminent la justice & la bonne foy, pour donner cours à la tromperie, à la chicane, à la longueur des procez, à l'abus & à la violation des sermens, & à une infinité d'autres désordres. Voilà ce que font ces grands Souteneurs des belles Loix de la Nation Françoise.

LAHONTAN.

Je t'ay déja dit qu'il ne faut pas croire tout

tout ce que les sottes gens disent; tu t'amuses à des Ignorans qui n'ont pas la teinture du sens commun, & qui te débitent des mensonges pour des véritez. Ces mauvais Juges, dont ils t'ont parlé, sont aussi rares que les Castors blancs. Car on n'en trouveroit peut-être pas quatre dans toute la France. Ce sont des gens qui aiment la vertu, & qui ont une ame à sauver comme toy & moy; qui en qualité de personnes publiques ont à répondre devant un Juge qui n'a point d'égard à l'apparence des Personnes, & devant lequel le plus grand des Monarques n'est pas plus que le moindre des Esclaves. Il n'y en a presque point qui n'aimât mieux mourir, que de blesser sa conscience & de violer les Loix; l'argent est de la boüe pour eux, les femmes les échaufent moins que la Glace, les Amis & les grands Seigneurs ont moins de pouvoir sur leur esprit, que les vagues contre les rochers; ils corrigent le libertinage, ils reforment les abus, & ils rendent la justice à ceux qui plaident, sans qu'aucun interêt s'en mêle. Pour moy, j'ay perdu tout mon bien en perdant trois ou quatre procez à Paris, mais je serois bien fâché de croire qu'ils les ont mal jugés; quoique mes Parties, avec de trés mauvaises causes, me manquoient ni d'argent ni d'amis. Ce sont les Loix qui m'ont jugé, & les Loix sont justes & raisonnables; je croyois avoir raison parce que je ne les avois pas bien étudiées.

ADARIO.

Je t'avoüe que je ne conçois rien à ce

que tu me dis ; car enfin je ſçay le contraire, & ceux qui m'ont parlé des vices de ces Juges ſont aſſûrément des gens d'eſprit & d'honneur. Mais quand perſonne me m'en auroit informé, je ne ſuis pas ſi groſſier que je ne voye moy-même l'injuſtice des Loix & des Juges. Ecoute un peu, mon cher Frere ; allant un jour de Paris à Verſailles, je vis à moitié chemin un Païſan qu'on alloit foüéter pour avoir pris des perdrix & des liévres à des lacets. J'en vis un autre entre la Rochelle & Paris qu'on condamna aux galéres, parce qu'on le trouva ſaiſi d'un petit ſac de ſel. Ces deux miſerables hommes furent châtiez par ces injuſtes Loix, pour vouloir faire ſubſiſter leurs pauvres Familles ; pendant qu'un million de Femmes font des enfans en l'abſence de leurs Maris ; que des Médecins font mourir les trois Carts des hommes, & que les Joüeurs mettent leurs familles à la mendicité, en perdant tout ce qu'ils ont au Monde, ſans être châtiés ; Où ſont donc ces Loix juſtes & raiſonnables, où ſont ces Juges qui ont une ame à garder comme toy & moy ? Aprés cela tu ozes encore dire que les Hurons ſont des Bêtes ! Vraîment, ce ſeroit quelque choſe de beau ſi nous allions châtier un de nos Fréres pour des liévres & pour des perdrix ! Ce ſeroit encore une belle choſe entre nous, de voir nos femmes multiplier le nombre de nos enfans pendant que nous allons en guerre contre nos ennemis. Des Médecins empoiſonner nos familles, & des Joüeurs perdre les Caſtors de leurs chaſſes ; ce ſont pourtant des bagatelles en France

France qui ne ſont point ſujettes aux belles Loix des François. En vérité, il y a bien de l'aveuglement dans l'eſprit de ceux qui nous connoiſſent, & ne nous imitent pas.

LAHONTAN.

Tout beau, mon cher Ami, tu vas trop vîte, croi moi, tes connoiſſances ſont ſi bornées, comme je t'ay déja dit, que la portée de ton eſprit n'enviſage que l'apparence des choſes. Si tu voulois entendre raiſon, tu concevrois d'abord que nous n'agiſſons que ſur de bons principes, pour le maintien de la Societé. Il faut que tu ſçaches que les loix condamnent les gens qui tombent dans les cas que tu viens de citer, ſans en excepter aucun. Premiérement les Loix défendent aux Païſans de tuer ni liévres ni perdrix, ſur tout aux environs de Paris; parce qu'ils en dépeupleroient le Royaume, s'il leur étoit permis de chaſſer. Ces gens-là ont reçû de leurs Seigneurs les terres dont ils joüiſſent, & ceux-ci ſe ſont réſervé la chaſſe, comme leurs Maitres. Les païſans leur font un vol, & contreviennent en même-temps à la défence établie par les Loix. De même ceux qui tranſportent du ſel, parce que c'eſt un droit qui appartient directement au Roi. A l'égard des Femmes & des Joüeurs, dont tu viens de parler, il faut que tu croyes qu'on les renferme dans des priſons & dans des Couvens, d'où ni les uns ni les autres ne ſortent jamais. Pour ce qui eſt des Médecins, il ne ſeroit pas juſte de les maltraiter, car de cent malades il n'en tuent pas deux, ils font

ce

ce qu'ils peuvent pour nous guérir. Il faut bien que les Vieillards & les gens usez finissent. Néanmoins quoique nous ayons tous affaire de ces Docteurs, s'il estoit prouvé qu'ils eussent fait mourir quelqu'un par ignorance, ou par malice, les Loix ne les épargneroient pas plus que les autres, & les condamneroient à des prisons perpétuelles, &, peut-être, à quelque chose de pis.

ADARIO.

Il faudroit bien des prisons si ces Loix étoient observées ; mais je vois bien que tu ne dis pas tout, & que tu serois fâché de pousser la chose plus loin, de peur de trouver mes raisons sans replique. Venons maintenant à ces deux hommes qui se sauvérent l'année passée à Quebec, pour n'être pas brulés en France, & disons, en examinant le crime dont on les accuse, qu'il y a de bien sottes Loix en Europe. Hé bien ces deux François sont des prétendus Magiciens *Jongleurs*, on les accuse d'avoir *jonglé*, quel mal ont-ils fait ? Ces pauvres gens ont peut-être eû quelque maladie, qui leur a laissé cette folie, comme il arrive parmi nous. Di-moi un peu, je te prie, quel mal font nos *Jongleurs* ? Ils s'enferment seuls dans une petite Cabane lorsqu'on leur recommande quelque malade, ils y chantent, ils crient, ils dancent, ils disent cent extravagances ; ensuite ils font connoître aux Parens du malade qu'il faut faire un festin pour consoler le malade, soit de viande, soit de poisson, selon le goût de ce *Jongleur*, qui n'est qu'un Médecin imaginaire, dont l'esprit est troublé par l'acl'accident de quelque fiévre chaude qu'il a eſſuyée. Tu vois bien que nous-nous raillons d'eux en leur abſence, & que nous connoiſſons leur fourberie ; tu ſçais encore qu'ils ſont comme des inſenſez dans leurs actions, comme dans leurs paroles, qu'ils ne vont ni à la chaſſe ni à la guerre. Pourquoy brûlerions-nous les pauvres gens qui parmi vous ont le même malheur ?

LAHONTAN.

Il y a bien de la diférence de nos *Jongleurs* aux vôtres ; car ceux parmi nous qui le ſont parlent avec le méchant Eſprit, font des feſtins avec luy, toutes les nuits ; ils empêchent un mari de careſſer ſa femme par leurs ſortileges ; ils corrompent auſſi les filles ſages & vertueuſes par un charme qu'ils métent dans ce qu'elles doivent boire ou manger. Ils empoiſonnent les Beſtiaux, ils font périr les biens de la Terre, mourir les hommes en langueur, bleſſer les femmes groſſes ; & cent autres maux que je ne te raconte pas. Ces gens-là s'appellent Enchanteurs & Sorciers, mais il y en d'autres encore plus méchans ; ce ſont les Magiciens. Ils ont des converſations familiéres avec le méchant Eſprit, ils le font voir à ceux qui en ont la curioſité ſous telle figure qu'ils veulent. Ils ont des ſecrets pour faire gagner au jeu & enrichir ceux à qui ils les donnent. Ils devinent ce qui doit arriver ; ils ont le pouvoir de ſe métamorphoſer en toutes ſortes d'Animaux, & de figures les plus horribles ; ils vont en certaines

taines maisons faire des hurlemens affreux mêlés de cris & de plaintes effroyables, ils y paroissent tous en feu plus hauts que des arbres, traînant des chaînes aux pieds, portant des serpens dans la main; enfin ils épouvantent tellement les gens, qu'on est obligé d'aller chercher les Prêtres pour les exorciser, croyant que ce sont des ames qui viennent du Purgatoire en ce monde, y demander quelques Messes, dont elles ont besoin pour aller jöuir de la veüe de Dieu. Il ne faut donc pas que tu t'étonnes si on les fait brûler sans remission, selon les Loix dont nous parlons.

ADARIO.

Quoi! seroit-il possible que tu croïes ces bagatelles? Il faut asseurément que tu railles, pour voir ce que je répondray. C'est apparemment de ces contes que j'ay veu dans les fables d'Esope, livres où les Animaux parlent. Il y a icy des Coureurs de Bois qui les lisent tous les jours, & je me trompe fort si ce que tu viens de me raconter, n'y est écrit. Car il faudroit être fou pour croire sérieusement, que le méchant Esprit, supposé qu'il soit vray qu'il y en ait un, tel que les Jésuites me l'ont dépeint, eût le pouvoir de venir sur la Terre. Si cela étoit, il y feroit assés de mal luy-même, sans le faire faire à ces Sorciers, & s'il se communiquoit à un homme il se communiqueroit bien à d'autres; & comme il y a plus de méchans hommes que de bons parmi vous, il n'y en a pas un qui ne voulût être sorcier; alors tout seroit perdu, le Monde de ſeroit renverſé,en un mot ce ſeroit un déſordre irrémédiable. Sçais tu bien, mon Frére, que c'eſt faire tort au grand Eſprit de croire ces ſotiſes. Car c'eſt l'accuſer d'autorizer les méchancetez & d'être la cauſe directe de toutes celles que tu viens de raconter, en permettant à ce méchant Eſprit de ſortir de l'enfer. Si le grand Eſprit eſt ſi bon que nous le ſçavons toy & moy, il ſeroit plus croyable qu'il envoyât de bonnes Ames ſous d'agréables figures, reprocher aux hommes leurs mauvaiſes actions & les inviter à l'amiable de pratiquer la vertu, en leur faiſant une peinture du bonheur des Ames qui ſont heureuſes dans le bon Païs où elles ſont. A l'égard de celles qui ſont dans le Purgatoire (ſi tant eſt qu'il y ait un tel lieu) il me ſemble que le grand Eſprit n'a guére beſoin d'eſtre prié par des gens, qui ont aſſez affaire de prier pour eux-mêmes; & qu'il pourroit bien leur donner la permiſſion d'aller au Ciel, s'il leur acorde celle de venir ſur la Terre. Ainſi, mon cher Frére, ſi tu me parles ſérieuſement de ces choſes, je croiray que tu rêves, ou que tu as perdu le ſens. Il faut qu'il y ait quelque autre méchanceté dans l'acuſation de ces deux *Jongleurs*, ou bien vos Loix & vos Juges ſont auſſi fort déraiſonables. La concluſion que je tirerois de ces méchancetez, ſi elles étoient vraïes; c'eſtque puiſqu'on ne voit rien de ſemblable chez aucun peuple de Canada, il faut abſolument que ce méchant Eſprit ait un pouvoir ſur vous, qu'il n'a pas ſur nous. Cela étant, nous ſommes donc de bonnes gens, & vous,

tout

tout au contraire pervers, malicieux & adonnez à toutes ſortes de vices & de méchancetez. Mais finiſſons, je te prie, ſur cette matiére, dont je ne veux entendre aucune replique; & di moy, à propos de Loix, pourquoy elles ſoufrent qu'on vende les filles pour de l'argent, à ceux qui veulent s'en ſervir? Pourquoy on permet certaines Maiſons publiques, où les putains & les maquerelles s'y trouvent à toute heure pour toute ſorte de gens? Pourquoy on permet de porter l'épée aux uns, pour tuer ceux à qui il eſt defendu d'en porter? Pourquoy permet on encore de vendre du vin au deſſus de certaine quantité, & dans lequel on met mille drogues qui ruinent la ſanté? Ne vois-tu pas les malheurs qui arrivent icy, comme à Quebec, par les yvrognes? Tu me répondras, comme d'autres ont déja fait, qu'il eſt permis au Cabarétier de vendre le plus de marchandiſe qu'il peut pour gagner ſa vie, que celuy qui boit doit ſe conduire lui-même, & ſe modérer ſur toutes choſes. Mais je te prouveray que cela eſt impoſſible, parce qu'on a perdu la raiſon avant qu'on puiſſe s'en apercevoir; ou du moins elle demeure ſi afoiblie, qu'on ne connoît plus ce qu'on doit faire. Pourquoy ne défend-on pas auſſi les jeux exceſſifs qui traînent mille maux aprez eux. Les Péres ruïnent leurs familles (comme je t'ay déja dit,) les enfans volent leurs Péres ou les endétent; les filles & les femmes ſe vendent quand elles ont perdu leur argent, aprez avoir conſumé leurs meubles & leur habits; delà viennent des diſputes, des meurtres, des inimitiez & des haines irréconciliables. Voilà, mon Frére, des defences inutiles chez les Hurons, mais qu'on devroit bien faire dans le Païs des François ; ainsi peu à peu reformant les abus que l'intérêt a introduit parmi vous, j'espérerois que vous pourriez un jour vivre sans loix, comme nous faisons.

LAHONTAN.

Je t'ay déja dit une fois, qu'on châtioit les Joüeurs, on en use de même envers les Maqueraux & les Courtisanes, sur tout envers les Cabarétiers, lorsqu'il arrive du désordre chez eux. La diférence qu'il y a, c'est que nos Villes sont si grandes & si peuplées, qu'il n'est pas facile aux Juges de découvrir les méchancetez qu'on y fait. Mais cela n'empêche pas que les Loix ne les défendent, & on fait tout ce qu'on peut pour rémédier à ces maux. En un mot, on travaille avec tant de soin & d'aplication à détruire les mauvaises coûtumes, à établir le bel ordre par tout, à punir le vice, & à recompenser le mérite, que, pour peu que tu voulusses te défaire de tes mauvais préjugez, & considérer à fond l'excellence de nos loix, tu serois obligé d'avoüer que les François sont gens équitables, judicieux & sçavans, qui suivent mieux que vous autres les véritables régles de la Justice & de la Raison.

ADARIO.

Je voudrois bien avoir occasion de le croire avant que de mourir, car j'aime naturellement les bons François ; mais j'apréhenhende bien de n'avoir pas cette consolation. Il faut donc que vos Juges commencent les premiers à suivre les Loix, pour donner exemple aux autres, qu'ils cessent d'oprimer les Veuves, les Orphelins & les misérables; qu'ils ne fassent pas languir les procez des Plaideurs, qui font des voyages de cent lieües; en un mot, qu'ils jugent les causes de la même maniére que le grand Esprit les jugera. Que vos Loix diminuent les tributs & les impositions que les pauvres gens sont obligés de païer, pendant que les riches de tous états ne païent rien à proportion des biens qu'ils possédent. Il faut encore que vous défendiez aux Coureurs de Bois d'aporter de l'eau de vie dans nos Villages, pour arrêter le cours des yvogneries qui s'y font. Alors j'espéreray que peu à peu vous-vous perfectionerez, que l'égalité de biens pourra venir peu à peu, & qu'à la fin vous détesterez cet interêt qui cause tous les maux qu'on voit en Europe; Ainsi n'ayant ni *tien* ni *mien*, vous vivrez avec la même felicité des Hurons. C'en est assez pour aujourd'huy. Voilà mon Esclave qui vient m'avertir qu'on m'attend au Village. Adieu, mon cher Frére, jusqu'à demain.

LAHONTAN.

Il ne semble, mon cher Ami, que tu ne viendrois pas de si bonne heure chez moy, si tu n'avois envie de disputer encore. Pour moy, je te déclare, que je ne veux plus enrer en matiére avec toy, puisque tu n'és pas capable de concevoir mes raisonnemens, tu es si fort prévenu en faveur de ta Nation, si fort préocupé des tes manieres sauvages, & si peu porté à examiner les nôtres, comme il faut, que je ne daigneray plus me tuer le corps & l'ame, pour te faire connoître l'ignorance & la misére dans lesquelles on voit que les Hurons ont toûjours vêcu. Je suis ton Ami, tu le sçais; ainsi je n'ay d'autre intérêt que celuy de te montrer le bonheur des François; afin que tu vives comme eux, aussi bien que le reste de ta Nation. Je t'ay dit vint fois que tu t'ataches à considérer la vie de quelques méchans François, pour mesurer tous les autres à leur aune; je t'ay fait voir qu'on les châtioit; tu ne te paye pas de ces raisons là, tu t'obstines par des réponces injurieuses à me dire que nous ne sommes rien moins que des hommes. Au bout du conte je suis las d'entendre des pauvretez de la bouche d'un homme que tous les François regardent comme un trés habile Personnage. Les gens de ta Nation t'adorent tant par ton esprit, que par ton expérience & ta valeur. Tu es Chef de guerre & Chef de Conseil; & sans te flatter; je n'ay guére veu de gens au monde plus vifs & plus pénétrans que tu l'es; Ce qui fait que je te plains de tout mon cœur, de ne vouloir pas te défaire de tes préjugés.

ADARIO.

Tu as tort, mon cher Frére, en tout ce que tu dis, car je ne me suis formé aucune fausse idée de vôtre Religion ni de vos Loix; l'exemple de tous les François en général, m'engagera toute ma vie, à considérer tou-

tes

tes leurs actions, comme indignes de l'homme. Ainsi mes idées sont justes, mes préjugez sont bien fondés, je suis prêt à prouver ce que j'avance. Nous avons parlé de Religion & de Loix, je ne t'ay répondu que le quart de ce que je pensois sur toutes les raisons que tu m'as alléguées ; tu blâmes nôtre maniére de vivre ; les François en général nous prénent pour des Bétes, les Jésuites nous traitent d'impies, de foux, d'ignorans & de vagabons : & nous vous regardons tout sur le même pied. Avec cette différence que nous-nous contentons de vous plaindre, sans vous dire des injures. Ecoute, mon cher Frére, je te parle sans passion, plus je réfléchis à la vie des Européans & moins je trouve de bonheur & de sagesse parmi eux. Il y a six ans que je ne fais que penser à leur état. Mais je ne trouve rien dans leurs actions qui ne soit au dessous de l'homme, & je regarde comme impossible que cela puisse être autrement, à moins que vous ne veuilliez vous réduire à vivre, sans le *Tien* ni le *Mien*, comme nous faisons. Je dis donc que ce que vous appelez argent, est le démon des démons, le Tiran des François ; la source des maux ; la perte des ames & le sepulcre des vivans. Vouloir vivre dans les Païs de l'argent & conserver son ame, c'est vouloir se jetter au fond du Lac pour conserver sa vie ; or ni l'un ni l'autre ne se peuvent. Cet argent est le Pére de la luxure, de l'impudicité, de l'artifice, de l'intrigue, du mensonge, de la trahison, de la mauvaise foy, & généralement de tous les maux qui sont au Monde.

de. Le Pere vend ſes enfans, les Maris vendent leurs Femmes, les Femmes trahiſſent leurs Maris, les Fréres ſe tuent, les Amis ſe trahiſſent, & tout pour de l'argent, Di-moy, je te prie, ſi nous avons tort aprez cela, de ne vouloir point ni manier, ni même voir ce maudit argent.

LAHONTAN.

Quoy, ſera-t'-il poſſible que tu raiſoneras tousjours ſi ſottement! au moins écoute une fois en ta vie avec attention ce que j'ay envie de te dire. Ne vois-tu pas bien, mon Ami, que les Nations de l'Europe ne pourroient pas vivre ſans l'or & l'argent, ou quelque autre choſe précieuſe. Déja les Gentishommes, les Prêtres, les Marchans & mille autres ſortes de gens qui n'ont pas la force de travailler à la terre, mourroient de faim. Comment nos Rois ſeroient-ils Rois? Quels ſoldats auroient ils? Qui eſt celuy qui voudroit travailler pour eux, ni pour qui que ce ſoit? Qui eſt celuy qui ſe risqueroit ſur la mer? Qui eſt celuy qui fabriqueroit des armes pour d'autres que pour ſoi? Croy-moy, nous ſerions perdus ſans reſſource, ce ſeroit un Cahos en Europe, une confuſion, la plus épouvantable qui ſe puiſſe imaginer.

ADARIO.

Vraîment tu me fais là de beaux contes, quand tu parles des gentishommes, des Marchans & des Prêtres! Eſt-ce qu'on en verroit s'il n'y avoit ni *Tien* ni *Mien*? Vous ſeriez tous égaux, comme les Hurons le ſont entr'eux.

tr'eux. Ce ne seroit que les trente premiéres années aprés le banissement de l'intérêt qu'on verroit une étrange désolation ; car ceux qui ne sont propres qu'à boire, manger, dormir, & se divertir, mourroient en langueur; mais leurs décendans vivroient comme nous. Nous avons assez parlé des qualitez qui doivent composer l'homme intérieurement, comme sont la sagesse, la raison, l'équité &c. qui se trouvent chez les Hurons. Je t'ai fait voir que l'interêt les détruit toutes, chez vous; que cet obstacle ne permet pas à celuy qui conoît cet intérêt d'être homme raisonable. Mais voyons ce que l'homme doit être extérieurement; Premiérement, il doit sçavoir marcher, chasser, pêcher, tirer un coup de fléche ou de fusil, sçavoir conduire un Canot, sçavoir faire la guerre, conoître les bois, êstre infatiguable, vivre de peu dans l'ocasion, construire des Cabanes & des Canots, faire, en un mot, tout ce qu'un Huron fait. Voilà ce que j'apelle un homme. Car Di-moy, je te prie, Combien de millions de gens y-a-t il en Europe, qui, s'ils étoient trente lieües dans des Forêts, avec un fusil ou des fléches, ne pourroient ni chasser de quoi se nourrir, ni même trouver le chemin d'en sortir. Tu vois que nous traversons cent lieües de bois sans nous égarer, que nous tuons les oiseaux & les animaux à coups de fléches, que nous prenons du poisson par tout où il s'en trouve, que nous suivons les hommes & les bêtes fauves à la piste, dans les prairies & dans les bois, l'été comme l'hiver, que nous vivons de racines, quand nous ſommes aux portes des Iroquois, que nous ſçavons manier la hache & le coûteau, pour faire mille ouvrages nous-mêmes. Càr, ſi nous faiſons toutes ces choſes, pourquoy ne les feriés vous pas comme nous ? N'étes vous pas auſſi grands, auſſi forts, & auſſi robuſtes ? Vos Artiſans ne travaillent-ils pas à des ouvrages incomparablement plus dificiles & plus rudes que les nôtres ? Vous vivriés tous de cette maniére là, vous feriés auſſi grands maîtres les uns que les autres. Vôtre richeſſe ſeroit, comme la nôtre, d'aquérir de la gloire dans le mêtier de la guerre, plus on prendroit d'eſclaves, moins on travailleroit; en un mot, vous ſeriez auſſi heureux que nous.

LAHONTAN.

Appelles-tu vivre heureux, d'eſtre obligé de gîter ſous une miſerable Cabane d'écorce, de dormir ſur quatre mauvaiſes couvertures de Caſtor, de ne manger que du rôti & du boüilli, d'être vêtu de peaux, d'aller à la chaſſe des Caſtors, dans la plus rude ſaiſon de l'année; de faire trois cens lieües à pied dans des bois épais, abatus & inacceſſibles, pour chercher les Iroquois; aller dans de petits canots ſe riſquer à périr chaque jour dans vos grands Lacs, quand vous voyagez. Coucher ſur la dure à la belle étoile, lorſque vous aprochés des Villages de vos ennemis : être contrains le plus ſouvent de courir ſans boire ni manger, nuit & jour, à toute jambe, l'un deçà, l'autre de là, quand ils vous pourſuivent, d'eſtre réduits à la derniere des miſéres, ſi par amitié & par commiſération les Coureurs

reurs de Bois n'avoient la charité de vous porter des fusils, de la poudre, du plomb, du fil à faire des filets, des haches, des couteaux des aiguilles, des Alesnes, des ameçons, des chaudiéres, & plusieurs autres marchandises.

ADARIO.

Tout beau, n'allons pas si vîte, le jour est long, nous pouvons parler à loisir, l'un aprés l'autre. Tu trouves, à ce que je vois, toutes ces choses bien dures. Il est vray qu'elles le seroient extrémement pour ces François, qui ne vivent, comme les bêtes, que pour boire & manger; & qui n'ont esté élevés que dans la molesse: mais di-moy, je t'en conjure, quelle diférence il y a de coucher sous une bonne Cabane, ou sous un Palais; de dormir sur des peaux de Castors, ou sur des matelats entre deux draps; de manger du rosti & du boüilli; où de sales pâtez, & ragoûts, aprêtez par des Marmitons crasseux? En sommes nous plus malades, ou plus incommodez que les François qui ont ces Palais, ces lits, & ces Cuisiniers? Hé! combien y en a-t-il parmi vous, qui couchent sur la paille, sous des toits ou des greniers que la pluye traverse de toutes parts, & qui ont de la peine à trouver du pain & de l'eau? J'ay esté en France, j'en parle pour l'avoir veu. Tu critiques nos habits de peaux, sans raison, car ils sont plus chauds & résistent mieux à la pluye que vos draps; outre qu'ils ne sont pas si ridiculement faits que les vôtres, auxquels on employe soit au poches, ou aux costez, autant d'étoffe qu'au corps de l'hal'habit. Revenons à la chaſſe du Caſtor durant l'hiver, que tu regardes comme une choſe afreuſe, pendant que nous y trouvons toute ſorte de plaiſir & les commoditez d'avoir toutes ſortes de marchandiſes pour leurs peaux. Déja nos eſclaves ont la plus grande peines (ſi tant eſt qu'il y en ait) tu ſçais que la chaſſe eſt le plus agréable divertiſſement que nous ayons: celle de ces Animaux eſtant tout à fait plaiſante, nous l'eſtimons auſſi plus que toute autre. Nous faiſons, dis-tu, une guerre pénible; j'avoüe que les François y périroient, parce qu'ils ne ſont pas accoutumez de faire de ſi grands voyages à pied; mais ces courſes ne nous fatiguent nullement; il ſeroit à ſouhaiter pour le bien de Canada que vous euſſiez nos talens. Les Iroquois ne vous égorgeroient pas, comme ils font tous les jours, au milieu de vos Habitations. Tu trouves auſſique le riſque de nos petits Canots dans nos Voyages eſt une ſuite de nos miſéres; il eſt vray que nous ne pouvons pas quelquefois nous diſpenſer d'aller en Canot. Puiſque nous n'avons pas l'induſtrie de bâtir des Vaiſſeaux; mais ces grands Vaiſſeaux que vous faites ne périſſent pas moins que nos Canots; tu nous reproches encore que nous couchons ſur la dure à la belle étoile, quand nous ſommes au pied des Villages des Iroquois; j'en conviens; mais auſſi je ſçay bien que les ſoldats en France ne ſont pas ſi commodément que les tiens ſont ici, & qu'ils ſont bien contrains de ſe gîter dans les Marais & dans les foſſez à la pluye & au vent. Nous-nous enfuyons,

ajouajoûte-tu, à toute jambe ; il n'y a rien de si naturel, quand le nombre des ennemis est triple, que de s'enfuir ; à la vérité la fatigue de courir nuit & jour, sans manger, est terrible, mais il vaut bien mieux prendre ce parti que d'estre esclave. Je croy que ces extrémitez seroient horribles pour des Européans, mais elles ne sont quasi rien à nostre égard. Tu finis en concluant que les François nous tirent de la misére, par la pitié qu'ils ont de nous. Et comment faisoient nos Péres, il y a cent ans, en vivoient-ils moins sans leurs marchandises ; au lieu de fusils, de poudre, & de plomb, ils se servoient de l'arc & des fléches, comme nous faisons encore. Ils faisoient des rets avec du fil d'écorce d'arbre ; il se servoient des haches de pierre ; ils faisoient des coûteaux, des aiguilles, des Alesnes &c. avec des os de cerf ou d'élan ; au lieu de chaudiére on prenoit des pots de terre. Si nos Péres se sont passez de toutes ces marchandises, tant de siécles, je croy que nous pourrions bien nous en passer plus facilement, que les François ne se passeroient de nos Castors, en échange desquels, par bonne amitié, ils nous donnent des fusils qui estropient, en crevant, plusieurs Guerriers, des haches qui cassent en taillant un arbrisseau, des coûteaux qui s'émoussent en coupant une citroüille, du fil moitié pourri, & de si méchante qualité, que nos filets sont plûtôt usez qu'achévez ; des chaudiéres si minces que la seule pesanteur de l'eau en fait sauter le fond, Voilà, mon Frére, ce que j'ay à te répondre sur les miséres des Hurons.

LAHONTAN.

Hé bien, tu veux donc que je croye les Hurons insensibles à leurs peines & à leurs travaux, & qu'ayant esté élevez dans la pauvreté & les soufrances, ils les envisagent d'un autre œil que nous; cela est bon pour ceux qui n'ont jamais sorti de leur païs, qui ne connoissent point de meilleure vie que la leur, & qui n'ayant jamais été dans nos Villes, s'imaginent que nous vivons comme eux: mais pour toy, qui as été en France, à Quebec, & dans la Nouvelle Angleterre, il me semble que ton goût & ton discernement sont bien sauvages, de ne pas trouver l'estat des Européans préférable à celuy des Hurons. Y a-t-il de vie plus agréable & plus délicieuse au Monde, que celle d'un nombre infini de gens riches à qui rien ne manque? Ils ont de beaux Carosses, de belles Maisons ornées de tapisseries & de tableaux magnifiques; de beaux Jardins où se cueuillent toutes sortes de fruits, des Parcs où se trouvent toutes sortes d'animaux; des Chevaux & des Chiens pour chasser, de l'argent pour faire grosse chére, pour aller aux Comédies & aux jeux, pour marier richement leurs enfans, ces gens sont adorés de leurs dépendans. N'as-tu pas vû nos Princes, nos Ducs, nos Maréchaux de France, nos Prélats & un million de gens de toutes sortes d'états qui vivent comme des Rois; à qui rien ne manque, & qui ne se souviénent d'avoir vêcu que quand il faut mourir?

ADARIO.

Si je n'estois pas si informé que je le suis de tout

de tout ce qui ſe paſſe en France, & que mon voyage de Paris ne m'eût pas donné tant de conoiſſances & de lumiéres, je pourrois me laiſſer aveugler par ces apparences exterieures de félicité, que tu me représentes; mais ce Prince, ce Duc, ce Marêchal, & ce Prélat, qui ſont les premiers que tu me cites, ne ſont rien moins qu'heureux, à l'égard de Hurons; qui ne conoiſſent d'autre félicité que la tranquillité d'ame, & la liberté. Or ces grands ſeigneurs ſe haïſſent intérieurement les uns les autres, ils perdent le ſommeil, le boire & le manger pour faire leur cour au Roy, pour faire des piéces à leurs ennemis; ils ſe font des violences ſi fort contre nature, pour feindre, déguiſer, & ſoufrir, que la douleur que l'ame en reſſent ſurpaſſe l'imagination. N'eſt-ce rien, à ton avis, mon cher Frére, que d'avoir cinquante ſerpens dans le cœur? Ne vaudroit-il pas mieux jetter Caroſſes, dorures, Palais, dans la riviére, que d'endurer toute ſa vie tant de martires? Sur ce pied là j'aimerois mieux ſi j'étois à leur place, eſtre Huron, avoir le Corps nû, & l'ame tranquille. Le corps eſt le logement de l'ame, qu'importe que ce Corps ſoit doré, étendu dans un Carroſſe, aſſis à une table, ſi cette ame le tourmente, l'afflige & le déſole? Ces grand ſeigneurs, dis-je, ſont expoſez à la disgrace du Roy, à la médiſance de mille ſortes de Perſonnes; à la perte de leurs Charges; au mépris des leurs ſemblables; en un mot leur vie molle eſt traverſée par l'ambition, l'orgueuil, la préſomption & l'envie. Ils ſont eſclaves de leurs paſſions, & de leur Roy, qui eſt l'unique François heu-

 reux,

reux, par raport à cette adorable liberté dont il joüit tout seul. Tu vois-que nous sommes un millier d'hommes dans nôtre Village, que nous-nous aimons comme fréres; que ce qui est à l'un est au service de l'autre ; que les Chefs de guerre, de Nation & de Conseil, n'ont pas plus de pouvoi rque les autres Hurons; qu'on n'a jamais veu de quérelles ni de médisances parmi nous ; qu'enfin chacun est maître de soy-même, & fait tout ce qu'il veut, sans rendre conte à personne, & sans qu'on y trouve à redire. Voilà, mon Frére, la diférence qu'il y a de nous à ces Princes, à ces Ducs, &c. laissant à part tous ceux qui estant au dessous d'eux doivent, par consequent, avoir plus de peines, de chagrin &d'embarras.

LAHONTAN.

Il faut que tu croye, mon cher Ami, que comme les Hurons sont élevez dans la fatigue & dans la misére, ces grands Seigneurs le sont de même dans le trouble, dans l'ambition, & ils ne vivroient pas sans cela ; & comme le bonheur ne consiste que dans l'imagination, ils se nourrissent de vanité. Chaqu'un d'eux s'estime dans le cœur autant que le Roy. La tranquillité d'ame des Hurons n'a jamais voulu passer en France ; de peur qu'on ne l'enfermât aux petites Maisons. Etre tranquille en France c'est être fou, c'est être insensible, indolent. Il faut toûjours avoir quelque chose à souhaiter pour être heureux ; un homme qui sçauroit se borner seroit Huron. Or personne ne le veut être;

être;la vie feroit ennuyeuſe ſi l'eſprit ne nous portoit à deſirer à tout moment quelque choſe de plus que ce que nous poſſédons : & c'eſt ce qui fait le bonheur de la vie , pourvû que ce ſoit par des voïes légitimes.

ADARIO.

Quoy ! n'eſt ce pas plûtôt mourir en vivant, que de tourmenter ſon eſprit à toute heure,pour aquérir des Biens , ou des Honneurs , qui nous dégoûtent dez que nous en joüiſſons ? d'afoiblir ſon corps & d'expoſer ſa vie pour former des entrepriſes qui échouent le plus ſouvent ? Et puis tu me viendras dire que ces grandsSeigneurs ſont élevez dans l'ambition,& dans le trouble, comme nous dans le travail & la fatigue. Belle comparaiſon pour un homme qui ſçait lire & écrire ! Dis-moy , je te prie , ne faut-il pas, pour ſe bien porter, que le corps travaille & que l'eſprit ſe repoſe ? Au contraire , pour détruire ſa ſanté, que le corps ſe repoſe , & que l'eſprit agiſſe? Qu'avons-nous au monde de plus cher que la vie? Pourquoy n'en pas profiter? Les François détruiſent leur ſanté par mille cauſes diférentes ; & nous conſervons la nôtre juſqu'à ce que nos corps ſoient uſez ; parce que nos ames exemptes de paſſions ne peuvent altérer ni troubler nos corps. Mais enfin les François hâtent le moment de leur mort par des voïes légitimes ; voilà ta concluſion ; elle eſt belle, aſſeurément, & digne de remarque ! Croi-moy, mon cher Frére, ſonge à te faire Huron pour vivre long-temps. Tu boiras , tu mangeras , tu dormiras , & tu tu chasseras en repos ; tu seras delivré des passions qui tiranisent les François ; tu n'auras que faire d'or, ni d'argent, pour être heureux ; tu ne craindras ni voleurs, ni assassins, ni faux témoins ; & si tu veux devenir le Roi de tout le monde, tu n'auras qu'à t'imaginer de l'estre, & tu le seras.

LAHONTAN.

Ecoute, il faudroit pour cela que j'eusse commis en France de si grands crimes qu'il ne me fût permis d'y revenir que pour y être brûlé ; car, aprés tout, je ne vois point de métamorphose plus extravagante à un François que celle de Huron. Est-ce que je pourrois résister aux fatigues dont nous avons parlé ? Aurois-je la patience d'entendre les sots raisonnemens de vos Vieillards & de vos jeunes gens, comme vous faites, sans les contredire ? Pourrois-je vivre de boüillons, de pain, de bled d'Inde, de rôti & boüilli, sans poivre ni sel ? Pourrois-je me colorer le visage de vint sortes de couleurs, comme un fou ? Ne boire que de l'eau d'érable ? Aller tout nû durant l'été, me servir de vaisselle de bois ? M'acomoderois-je de vos repas continuels, où trois ou quatre cens personnes se trouvent pour y danser deux heures devant & aprés ? Vivrois-je avec des gens sans civilité, qui, pour tout compliment, ne sçavent qu'un *je t'honore*. Non, mon cher *Adario*, il est impossible qu'un François puisse être Huron ; au lieu que le Huron se peut faire aisément François.

A-

ADARIO.

A ce conte-là tu préféres l'esclavage à la liberté ; je n'en suis pas surpris, aprés toutes les choses que tu m'as soûtenues. Mais, si par hasard, tu rentrois en toy même, & que tu ne fusse pas si prévenu en faveur des mœurs & des maniéres des François, je ne voi pas que les dificultez dont tu viens de faire mention, fussent capables de t'empêcher de vivre comme nous. Quelle peine trouves-tu d'aprouver les contes des vieilles gens, comme des jeunes ? N'as-tu pas la même contrainte quand les Jésuïtes & les gens qui sont au dessûs de toy, disent des Extravagances ? Pourquoy ne vivrois-tu pas de boüillons de toutes sortes de bonnes viandes ? Les perdrix, poulets d'Inde, liévres, canards, Cheureuils ne sont-ils pas bons rôtis & boüillis ? A quoy sert le poivre, le sel & mille autres épiceries, si ce n'est à ruïner la santé ? Au bout de quinze jours tu ne songerois plus à ces drogues. Quel mal te feroient les couleurs sur le visage ? Tu te mets bien de la poudre & de l'essence aux cheveux, & même sur les habits ? N'ay-je pas veu des François qui portent des moustaches, comme les Chats, toutes couvertes de Cire ? Pour la boisson d'eau d'érable elle est douce, salutaire, de bon gôut & fortifie la poitrine : je t'en ay veu boire plus de quatre fois. Au lieu que le vin & l'eau de vie détruisent la chaleur naturelle, afoiblissent l'estomac, brûlent le sang, enyvrent, & causent mille désordres. Quelle peine aurois-tu d'aller nû pendant qu'il

fait

fait chaud ? Au moins tu vois que nous ne le sommes pas tant que nous n'ayons le devant & le derriére couverts. Il vaut bien mieux aller nû que de suer contrinuellement sous le fardeau de tant de vêtemens, les uns sur les autres. Quel embarras trouves-tu encore de manger, chanter & danser en bonne Compagnie ? Cela ne vaut-il pas mieux que d'être seul à Table, ou avec des gens qu'on n'a jamais ni veus ni connus ? Il ne resteroit plus donc qu'à vivre sans complimens, avec des gens incivils. C'est une peine qui te paroît assez grande, qui cependant ne l'est point. Dis moy, la Civilité ne se réduit-elle pas à la bienséance & à l'affabilité ? Qu'est ce que bienséance ? N'est-ce pas une gêne perpétuelle, & une affectation fatiguante dans ses paroles, dans ses habits, & dans sa contenance ? Pourquoy donc aimer ce qui embarasse ? Qu'est-ce que l'affabilité ? N'est ce pas assûrer les gens de nôtre bonne volonté à leur rendre service, par des caresses & d'autres signes extérieurs ? Comme quand vous dites à tout moment, *Monsieur, je suis vôtre serviteur, vous pouvés disposer de moy.* Aquoi toutes ces paroles aboutissent-elles ? Pourquoy mentir à tout propos, & dire le contraire de ce qu'on pense ? Ne te semble-t'il pas mieux de parler comme ceci. *Te voilà donc, sois le bien venu, car je t'honore*, N'est-ce pas une grimace éfroyable, que de plier dix fois son corps, baisser la main jusqu'à terre, de dire à tous momens, *je vous demande pardon*, à vos Princes, à vos Ducs, & autres dont nous venons de parler ? Sçache, mon Frére, que ces

ces ſeules ſoûmiſſions me dégoûteroient entierement de vivre à l'Européane, & puis tu me viendras dire, qu'un Huron, ſe feroit aiſément François ! il trouveroit bien d'autres dificultez que celles que tu viens de dire. Car ſuppoſons que dez demain je me fiſſe François, il faudroit commencer pas être Chreſtien, c'eſt un point dont nous parlâmes aſſez il y a trois jours. Il faudroit me faire faire la barbe tous les trois jours, car apparamment dez que je ſerois François, je deviendrois velu & barbu comme une bête; cette ſeule incommodité me paroît rude. N'eſt-il pas plus avantageux de n'avoir jamais de barbe, ni de poil au corps ? As-tu vû jamais de Sauvage qui en ait eû ? pourrois-je m'acoutumer à paſſer deux heures à m'habiller, à m'accommoder, à métre un habit bleu, des bas rouges, un chapeau noir, un blumet blanc, & des rubans verts ? Je me regarderois moy-même comme un fou. Et comment pourrois-je chanter dans les rues, danſer devant les miroirs, jetter ma perruque tantôt devant, tantôt derriére ? Et comment me réduirois-je à faire des révérences & des proſternations à de ſuperbes, fous ; en qui je ne connoîtrois d'autre mérite que celui de leur naiſſance & de leur fortune ? Comment verrois-je languir les Néceſſiteux, ſans leur donner tout ce qui ſeroit à moy ? Comment porterois je l'épée ſans exterminer un tas de ſcélerats qui jettent aux Galéres mille pauvres étrangers, les Algérens, Salteins Tripolins, Turcs qu'on prend ſur leurs Côtes, & qu'on vient vendre à Marſeille pour les Galéres, qui n'ayant jamais fait de mal

mal à personne sont enlevez impitoyablement de leur Païs natal,pour maudire, mille fois le jour, dans les chaines, pére & mére, vie, naissance, l'Univers & le grand Esprit. Ainsi languissent les Iroquois qu'on y envoya il y a deux ans. Me seroit-il possible de faire ni dire du mal de mes Amis, de caresser mes ennemis, de m'enyvrer par compagnie, de mépriser & bafouer les malheureux, d'honorer les méchans & de traiter avec eux; de me réjoüir du mal d'autruy, de loüer un homme de sa méchanceté; d'imiter les envieux, les traîtres, les flateurs, les inconstans, les menteurs, les orgueilleux, les Avares, les intéressez, les raporteurs & les gens à double intention? Aurois-je l'indiscretion de me vanter de ce que j'aurois fait, & de ce que je n'aurois pas fait? Aurois-je la bassesse de ramper comme une couleuvre aux pieds d'un Seigneur, qui se fait nier par ses Valets? Et comment pourrois je ne me pas rebuter de ses refus? Non, Mon cher Frére, je ne sçaurois être François; j'aime bien mieux être ce que je suis, que de passer ma vie dans ces Chaines. Est-il possible que nôtre liberté ne t'enchante pas! peut-on vivre d'une maniére plus aisée que la nôtre? Quand tu viens pour me voir dans ma Cabane, ma femme & mes filles ne te laissent-elles pas seules avec moy, pour ne pas interrompre, nos conversations? De même, quand tu viens voir ma femme, ou me filles ne te laisse-t-on pas seul avec celle des deux que tu viens visiter? N'es tu pas le maître en quelque Cabane du Village où tu puisses aller, de demander à manger de tout ce que tu sçais y avoir de meil-

meilleur ? Y a-t-il des Hurons qui aïent jamais refusé à quelque autre sa chasse, ou sa pêche, ou toute ou en partie ? Ne cotizons nous pas entre toute la Nation les Castors de nos Chasses, pour suppléer à ceux qui n'en ont pû prendre suffisamment pour acheter les marchandises dont ils ont besoin ? N'en usons-nous pas de même de nos bleds d'Inde, envers ceux dont les champs n'ont sçeu raporter des moissons sufisantes pour la nourriture de leurs familles ? Si quelqu'un d'entre nous veut faire un Canot, ou une nouvelle Cabane, chacun n'envoye til pas ses esclaves pour y travailler, sans en être prié ? Cette vie-là est bien diférente de celle des Européans, qui feroient un procez pour un Bœuf ou pour un Cheval à leurs plus proches parens ? Si un Fils demande à son Pére, ou le Pére à son Fils, de l'argent, il dit qu'il n'en a point ; si deux François qui se conoissent depuis vint ans, qui boivent & mangent tous les jours ensemble, s'en demandent aussi l'un à l'autre, ils disent qu'ils n'en ont point. Si de pauvres miserables, qui vont tous nuds, décharnez, dans les rues, mourans de faim & de misére, mendient une obole à des Riches, ils leurs répondent qu'ils n'en ont point. Aprés cela, comment avez vous la présomption de prétendre avoir un libre accez dans le Païs du grand Esprit ? Y a-t-il un seul homme au monde qui ne conoisse, que le mal est contre nature, & qu'il n'a pas été créé pour le faire ? Quelle esperance peut avoir un Chrêtien à sa mort, qui n'a jamais fait de bien en sa vie ? Il faudroit qu'il crût que l'ame meurt

meurt avec le corps. Mais je ne croy pas qu'il se trouve des gens de cette opinion. Or si elle est immortelle, comme vous le croyez, & que vous ne vous trompiez pas dans l'opinion que nous avez de l'enfer & des péchez qui conduisent ceux qui les commétent, en ce Païs-là, vos ames ne se chaufferont pas mal.

LAHONTAN.

Ecoute, Adario, je croy qu'il est inutile que nous raisonnions davantage; je vois que tes raisons n'ont rien de solide; je t'ay dit cent fois que l'exemple de quelques méchantes gens, ne concluoit rien; tu t'imaignes qu'il n'y a point d'Européan qui n'ait quelque vice particulier caché ou connu; j'aurois beau te prêcher le contraire d'icy à demain, ce seroit en vain; car tu ne mets aucune diférence de l'homme d'honneur au scelerat. J'aurois beau te parler dix ans de suite, tu ne démordrois jamais de la mauvaise opinion que tu t'es formée, & des faux préjugez touchant nôtre Religion, nos Loix, & nos maniéres. Je voudrois qu'il m'eut coûté cent Castors que tu sçusse aussi bien lire & écrire qu'un François; je suis persuadé que tu n'insisterois plus à mépriser si vilainement l'heureuse condition des Européans. Nous avons veu en France des *Chinois* & des *Siamois* qui sont des gens du bout du Monde, qui sont en toutes choses plus opposez à nos maniéres que les Hurons; & qui cependant ne se pouvoient lasser d'y d'admirer nôtre maniére de vivre. Pour moy, je t'avoüe que je ne conçois rien à ton obstination.

ADA-

ADARIO.

Tous ces gens-là ont l'esprit aussi mal tourné que le corps. J'ay veu certains Ambassadeurs de ces Nations dont tu parles. Les Jésuites de Paris me racontérent quelque histoire de leurs Pais. Ils ont le *tien* & le *mien* entr'eux, comme les François ; ils connoissent l'argent aussi bien que les François; & comme ils sont plus brutaux, & plus intéressez que les François, il ne faut pas trouver étrange qu'ils aïent approuvé les maniéres des gens qui les traitant avec toute sorte d'amitié, leur faisoient encore des présens à l'envi les uns des autres. Ce n'est pas sur ces gens-là que les Hurons se régleront. Tu ne dois pas t'ofencer de tout ce que je t'ay prouvé; je ne méprise point les Européans, en leur présence ; Je me contente de les plaindre. Tu as raison de dire que je ne fais point de diférence, de ce que nous appellons homme d'honneur à un brigand. J'ay bien peu d'esprit, mais il y a assez de temps que je traite avec les François, pour sçavoir ce qu'ils entendent par ce mot d'homme d'honneur. Ce n'est pas pour le moins un Huron ; car un Huron ne connoît point l'argent, & sans argent on n'est pas homme d'honneur parmi vous. Il ne me seroit pas dificile de faire un homme d'honneur de mon esclave ; Je n'ay qu'à le mener à Paris, & luy fournir cent paquets de Castors pour la dépense d'un Carosse, & de dix ou douze Valets ; il n'aura pas plûtôt un habit doré avec tout ce train, qu'un chacun le saluera, qu'on l'introduira dans les meilleures Tables, & dans les plus célébres Compagnies. Il n'aura qu'à donner des repas aux Gentishommes,

mes, des présens aux Dames, il passera par tout pour un homme d'esprit, de mérite, & de capacité; on dira que c'est le Roy des Hurons; on publiera par tout que son Païs est couvert de mines d'or, que c'est le plus puissant Prince de l'Amérique; qu'il est sçavant; qu'il dit les plus agréables choses du monde en Conversation; qu'il est redouté de tous ses Voisins; enfin ce sera un homme d'honneur, tel que la plûpart des Laquais le deviennent en France; aprés qu'ils ont sçeu trouver le moyen d'attraper assez de richesses pour paroître en ce pompeux équipage, par mille voyes infames & détestables. Ha! mon cher Frére, si je sçavois lire, je découvrirois de belles choses, que je ne sçay pas, & tu n'en serois pas quitte pour les défauts que j'ay remarquez parmi les Européans; j'en aprendrois bien d'autres, en gros & en détail, alors je croy qu'il n'y a point d'état ou de vocation sur lesquels je ne trouvasse bien à mordre. Je croi qu'il vaudroit bien mieux pour les François qu'ils ne sçeussent ni lire ni écrire; je voy tous les jours mille disputes ici entre les Coureurs de Bois pour les Ecrits, lesquels n'aportent que des chicanes & des procez. Il ne faut qu'un morceau de papier, pour ruïner une famille; avec une lettre la femme trahit son mari, & trouve le moyen de faire ce qu'elle veut; la mere vend sa fille; les Faussaires trompent qui ils veulent. On écrit tous les jours dans des livres des menteries, & des impertinences horribles; & puis tu voudrois que je sçeusse lire & écrire, comme les François?

Non

Non, mon Frére, j'aime mieux vivre ſans le ſçavoir, que de lire & d'écrire des choſes que les Hurons ont en horreur. Nous avons aſſez de nos *Hiéroglifes* pour ce qui regarde la chaſſe & la guerre; tu ſçais bien que les Caractéres que nous faiſons autour d'un arbre pelé, en certains paſſages, comprénent tout le ſuccez d'une Chaſſe, ou d'un parti de guerre; que tous ceux qui voyent ces marques les entendent. Que faut il davantage? La communauté de biens des Hurons n'a que faire d'écriture, il n'y a ni poſte, ni chevaux dans nos Forêts pour envoyer des Courriers à Quebec; Nous faiſons la paix & la guerre ſans écrit, ſeulement par des Ambaſſadeurs qui portent la parole de la Nation. Nos limites ſont réglez auſſi ſans écrits. A l'égard des Sçiences que vous conoiſſez, elles nous ſeroient inutiles; car pour la *Géografie*, nous ne voulons pas nous embaraſſer l'eſprit en liſant des livres de Voyages qui ſe contrediſent tous, & nous ne ſommes pas gens à quitter nôtre Païs dont nous conoiſſons, comme tu ſçais, juſqu'au moindre petit ruiſſeau, à quatre cens lieües à la ronde. *l'Aſtronomie*, ne nous eſt pas plus avantageuſe, car nous contons les années par Lunes, & nous diſons *j'ay tant d'hivers* pour dire tant d'années. La *Navigation* encore moins, car nous n'avons point de Vaiſſeaux. Les *Fortifications* non plus; un Fort de ſimples paliſſades nous garentit des fléches & des ſurpriſes de nos Ennemis, à qui l'artillerie eſt inconnue. En un mot, vivant comme nous vivons, l'écriture ne nous ſerviroit de rien. Ce que je trouve de beau, c'eſt *l'Aritmétique* ; il faut que je t'avoüe que cette ſçience me plaît infiniment, quoique pourtant ceux qui la ſçavent ne laiſſent pas de faire de grandes tromperies ; auſſi je n'aime de toutes les Vocations des François, que le commerce, car je le regarde comme la plus légitime, & qui nous eſt la plus néceſſaire. Les Marchands nous font plaiſir ; quelques uns nous portent quelquefois de bonnes marchandiſes, il y en ta de bons & d'équitables, qui ſe contentent de faire un petit gain. Ils riſquent beaucoup ; ils avancent, ils prêtent, ils attendent ; enfin je connois bien des Négocians qui ont l'ame juſte & raiſonnable ; & à qui nôtre Nation eſt trés redevable ; d'autres pareillement qui n'ont pour but que de gagner exceſſivement ſur des marchandiſes de belle apparence, & de peu de raport, comme ſur les haches, les chaudiéres, la poudre, les fuſils &c. que nous n'avons pas le talent de connoitre. Cela te fait voir qu'en tous les états des Européans, il y a quelque choſe à redire ; il eſt trés-conſtant que ſi un Marchand n'a pas le cœur droit, & s'il n'a pas aſſez de vertu pour réſiſter aux tentations diverſes auſquelles le négoce l'expoſe, il viole à tout moment les Loix de la juſtice, de l'équité, de la charité, de la ſincérité, & de la bonne foy. Ceux-là ſont méchans, quand ils nous donnent de mauvaiſes marchandiſes, en échange de nos Caſtors, qui ſont des peaux où les aveugles mêmes ne ſçauroient ſe tromper en les maniant. C'eſt aſſez, mon cher Frére, je me retire au Village, où je t'attendray demain aprés midi.

Je

LAHONTAN.

Je viens, Adario, dans ta Cabane, pour y visiter ton grand-Pére qu'on m'a dit estre à l'extrémité. Il est à craindre que ce bon Vieillard ne soit long-temps incommodé de la douleur dont il se plaint. Il me semble qu'un homme comme luy de soixante & dix ans pourroit bien s'empêcher d'aller encore à la chasse des Tourterelles. J'ay remarqué, depuis long-temps que vos vieilles gens sont toûjours en mouvement, & en action; c'est le moyen d'épuiser bien viste le peu de forces qu'il leur reste; Ecoute, il faut envoyer un des Esclaves chez mon Chirurgien, qui entend assez bien la médecine, & je suis asseuré qu'il le soulagera dans le moment; sa fiévre est si peu de chose qu'il n'y a pas lieu d'apréhender pour sa vie, à moins qu'elle n'augmente.

ADARIO.

Tu sçais bien, mon cher Frére, que je suis l'ennemi capital de vos Médecins, depuis que j'ay veu mourir entre leurs mains dix ou douze personnes, par la tirannie de leurs remédes. Mon Grand-Pére que tu prens pour une homme de soixante & dix ans en a 98. il s'est marié à 30. ans. Mon Pére en a 52; & j'en ay 35; il est vray qu'il est d'un bon tempéramment & qu'on ne luy doneroit pas cet âge-là en Europe, où les gens finissent de meilleure heure. Je te feray voir quatorze ou quinze Vieillards, un de ces jours, qui passent cent années, tu qui en a cent vint & quatre, & il en est mort un autre, il y a six

 ans,

ans, qui en avoit prés de cent quarante. A l'égard de l'agitation que tu condamnes dans ces vieilles gens, je puis t'asseurer qu'au contraire s'ils demeuroient couchez sur leurs nattes, dans la Cabane, & qu'ils ne fissent que boire, manger & dormir, ils deviendroient lourds, pesans, & incapables d'agir; & ce repos continuel empêchant la transpiration insensible, les humeurs, qui pour lors cesseroient de transpirer, se remêleroient avec leur sang usé; de là surviendroit que par des effets naturels leurs jambes & leur reins s'afoibliroient & se décherroient à tel point qu'ils mourroient de phtisie. C'est ce que nous avons observé depuis long-temps, chez toutes les Nations de Canada. Les *Jongleurs* doivent venir tout à l'heure pour le *Jongler*, & sçavoir quelle viande ou poisson sa maladie requiert pour sa guerison. Voilà mes Esclaves prêts pour aller à la chasse, ou à la pêche. Si tu veux bien t'entretenir un couple d'heures avec moy, tu verras les singeries de ces Charlatans, que (quoique nous les connoissions pour tels lorsque nous sommes en santé) nous sommes ravis & consolés de les voir quand nous avons quelque maladie dangéreuse.

LAHONTAN.

C'est qu'alors, mon cher Adario, nostre esprit est aussi malade que nostre Corps; il en est de même de nos Médecins, tel les déteste, & les füit, quand il se porte bien, qui, malgré la connoissance de leur Art incertain, ne laisse pas d'en convoquer une douzaine;

&

& d'autres, qui ſans avoir d'autre mal que celuy qu'ils s'imaginent avoir, détruiſent leurs corps par des remédes auxquels la force des chevaux ſuccomberoit. J'avoüe que parmi vous autres on ne voit point de ces ſortes de foux-là; mais, en recompenſe, vous ménagez bien peu vôtre ſanté ; car vous courez à la chaſſe depuis le matin juſqu'au ſoir tous nûs ; & vous danſez trois ou quatre heures de ſuite juſqu'à la ſueur ; & les jeux de la balle que vous diſputés entre ſix ou ſept cens perſonnes, pour la pouſſer une demi lieue de terrain decà ou delà, fatiguent extrémement vos corps ; ils en afoibliſſent les parties ; ils diſſipent les eſprits ; ils aigriſſent la maſſe du ſang & des humeurs, & troublent la liaiſon de leurs principes. Ainſi, tel homme, parmi vous, qui auroit vêcu plus de cent ans, eſt mort à quatre-vints.

ADARIO.

Quand même ce ce que tu dis ſeroit vrai, qu'importe-t'il à l'homme de vivre ſi longtemps ? puiſqu'au deſſus de quatre-vints la vie eſt une mort ? Tes raiſons ſont, peut-être, juſtes à l'égard des François qui généralement pareſſeux déteſtent tout exercice violent; ils ſont de la nature de nos vieillards, qui vivent dans une ſi molle indolence, qu'ils ne ſortent de leurs Cabanes que lorſque le feu s'y met. Nos tempéramens & nos Compléxions ſont auſſi diférentes des vôtres que la nuit du jour. Et cette grande diférence que je remarque généralement en toutes choſes entre les Européans & les Peuples du nada, me persuaderoit quasi que nous ne descendons pas de vôtre Adam prétendu. Déjà parmi nous on ne voit quasi jamais ni bossus, ni boîteux, ni nains, ni sourds, ni muets, ni aveugles de naissance, encore moins de Borgnes; & quand ces derniers viennent au monde c'est un présage asseuré de malheur à la Nation; comme nous l'avons souvent observé. Tout borgne n'eût jamais d'esprit, ni de droiture de cœur. Au reste, malicieux paillard, & paresseux au dernier point; plus portron que le liévre; n'allant jamais à la chasse, de crainte de crever son œuil unique à quelque branche d'arbre; A l'égard des maladies, nous ne voyons jamais d'ydropiques d'asmatiques, de paralitiques, de gouteux, ni de veroles, nous n'avons ni l'épre, ni dartres, ni tumeurs, ni rétentions d'urines, ni pierres, ni gravelles, au grand étonnement des François, qui sont si sujets à ces maux-là. Les fiévres régnent parmi nous, sur tout au retour de quelque voyage de guerre, pour avoir couché au serain, traversé des marais & des riviéres à guay, jeûné deux, ou trois jours, mangé froid &c. Quelquefois les pleurésies nous font mourir, parcequ'étant échaufez à courir à la guerre, ou à la chasse, nous beuvons des eaux dont nous ne connoissons point la qualité; les coliques nous attaquent aussi de temps en temps, par la même cause. Nous sommes sujets à la rougeole & à la petite vérole, soit parce que nous mangeons tant de poisson, que le sang qu'il produit diférent de celuy des viandes, boult dans ses vaisseaux avec plus d'activité,

&

& se déféquant de ses parties épaisses & grossiéres, il les pousse vers les pores insensibles de la peau ; ou parce que le mauvais air, qui est renfermé dans nos Villages, n'ayant point de fenêtres à nos Cabanes, il se fait tant de feux & de fumée, que le peu de proportion que les parties de cet air renfermé ont avec celles du sang & des humeurs, nous causent ces infirmitez. Voilà les seules que nous connoissions.

LAHONTAN.

Voilà, mon cher Adario, la premiére fois que tu as raisonné juste, depuis le temps que nous-nous entretenons ensemble. Je conviens que vous étes exempts d'une infinité de maux dont nous sommes accablez; c'est par la raison que tu me dis l'autre jour, que pour se bien porter, il faut que l'esprit se repose. Les Hurons étant bornez à la simple connoissance de la chasse, ne fatiguent pas leur esprit & leur santé à la recherche de mille belles Sçiences, par les veilles, par la perte du sommeil, par les sueurs. Un homme de guerre s'attache à lire & à aprendre l'histoire des guerres du monde, l'art de fortifier, d'attaquer, & défendre des Places; il y employe tout son temps, encore n'en trouve-t'il pas de reste, durant sa vie, pour se rendre tel qu'il doit être ; l'homme d'Eglise s'employe nuit & jour à l'étude de la Théologie, pour le bien de la Réligion ; il écrit des livres qui instruisent le peuple des affaires du salut, & donnant les heures, les jours, les mois & les années de sa vie à Dieu, il en reçoit des éternitez de recompenſe aprés ſa mort. Les Juges s'apliquent à connoître les Loix; ils paſſent les jours & les nuits à l'examen des procez, ils donnent des audiences continuelles à mille Plaideurs, qui les accablent inceſſamment, & à peine ont ils le loiſir de boire & de manger. Les Médecins étudient la ſçience de rendre les hommes immortels; ils vont & viennent de malade en malade, d'Hôpital en Hôpital, pour examiner la nature & la cauſe des diférentes maladies; ils s'atachent à connoître la qualité des drogues, des herbes, des ſimples, par milles expériences rares & curieuſes. Les Coſmografes & les Aſtronomes ſe donnent entiérement au ſoin de découvrir la figure, la grandeur, la compoſition du Ciel & de la Terre; les uns connoiſſent juſqu'à la moindre étoile du Firmament, leurs cours, leur éloignement, leur aſcenſions & leurs déclinaiſons; les autres ſçavent faire la diférence des Climats, & de la poſition du Globe de la Terre; ils connoiſſent les mers, les lacs, les rivieres, les Iles, les Golfes, les diſtances d'un Païs à l'autre, toutes les Nations du monde leur ſont connues, auſſi bien que leurs réligions, leurs loix, leurs langues, leurs meurs, & leur gouvernement. Enfin, tous les autres Sçavans qui s'attachent avec trop d'aplication à la connoiſſance des Sciences, qu'ils recherchent, rüinent entiérement leur ſanté. Car il ne ſe fait au cerveau d'eſprits animaux qu'autant que le cœur luy fournit de matiére, par cette ſubtile portion de de ſang qui luy eſt portée par les artéres; & le cœur, qui eſt un muſcle, ne peut lancer le le ſang à tout le corps que par le moyen des eſprits animaux ; or quand l'ame eſt tranquille (telle qu'eſt la tienne) il en communique à toutes les parties, autant qu'elles en ont beſoin pour faire les actions auxquelles la Nature les a deſtinées ; au lieu que dans la profonde aplication des Sçiences, étant agitée d'une foule de penſées, elle diſſipe beaucoup de ces eſprits, & dans les longues veilles & dans la gêne de l'imagination ; Ainſi tout ce que le cerveau en peut former ſuffit à peine aux parties qui ſervent aux deſſeins de l'ame pour faire les mouvemens précipitez qu'elle leur demande ; & ne coulant que fort peu de ces eſprits dans les nerfs qui les portent aux parties qui ſervent à nous faire digérer ce que nous mangeons, leurs fibres ne peuvent être mûs que trés-foiblement ; ce qui eſt cauſe que les actions ſe font mal, que la coction eſt imparfaite, que les ſéroſitez ſe ſéparant du ſang, & s'épanchant ſur la teſte, ſur le corps, ſur les nerfs, ſur la poitrine, & ailleurs, cauſent la goute, l'hidropiſie, la paraliſie, & les autres maladies que tu viens de nommer.

ADARIO.

A ce conte-là, mon cher Frére, il n'y auroit que les ſçavans qui en ſeroient atta-

 quez.

quez. Sur ce pied-là tu conviendras qu'il vaudroit mieux estre Huron, puisque la santé est le plus précieux de tous les biens. Je sçay pourtant que ces maladies n'épargnent personne, & qu'elles se jettent aussi bien sur les Ignorans, que sur les autres. Ce n'est pas que je nie ce que tu dis; car je voy bien que les travaux de l'esprit affoiblissent extrémement le Corps, & même je m'étonne, cent fois le jour, que vôstre compléxion soit assez forte, pour résister aux violentes secousses que le Chagrin vous donne, lorsque vos affaires ne vont pas bien. J'ay veu des François qui s'arrachoient les cheveux, d'autres qui pleuroient & crioient comme des femmes qu'on brûleroit; d'autres qui ont passé deux jours sans boire ni manger, dans une si grande colére qu'ils rompoient tout ce qu'ils trouvoient sous la main. Cependant la santé de ces gens-là n'en paroissoit pas altérée. Il faut qu'ils soïent d'une autre nature que nous; car il n'y a pas de Huron qui ne crevât le lendemain, s'il avoit la centiéme partie de ces transports; oüy vraîment il faut que vous soyez d'une autre nature que nous; car vos vins, vos eaux de vie, & vos épiceries nous rendent malades à mourir: au lieu que sans ces drogues vous ne sçauriez presque pas vivre en santé. D'ailleurs, vôtre sang est salé, & le nostre ne l'est pas. Vous étes barbus, & nous ne le sommes pas. Voicy ce que j'ay encore observé, C'est que jusqu' à l'âge de trente cinq ou quarante ans, vous étes plus forts & plus robustes que nous. Car nous

nous ne ſçaurions porter des fardeaux ſi peſans que vous faites, juſqu'à cet âge-là; mais enſuite les forces diminuent chez vous, en declinant à vûe d'œuil; au lieu que les nôtres ſe conſervent juſqu'à cinquante cinq ou ſoixante ans. C'eſt une vérité dont nos Filles peuvent rendre un fidéle témoignage. Elles diſent que ſi un jeune François les embraſſe ſix fois la nuit, un jeune Huron n'en fait que la moitié; mais auſſi elles avoüent que les François ſont plus vieux en ce commerce à l'age de trente cinq ans, que nos Hurons à l'âge de cinquante. Cet aveu de nos belles Filles (à qui l'excez de vos jeunes gens plaît beaucoup plus que la moderation des nôtres) m'a conduit à cette réfléxion; qui eſt que cette goute, cette hidropiſie, phtiſie, paraliſie, pierre, gravele & ces autres maladies, dont nous avons parlé, proviennent, ſans doute, non ſeulement de ces plaiſirs immodérez, mais encore du temps & de la maniére dont vous les prenez. Car au ſortir du repas, & à l'iſſue d'une corvée de fatigue, vous embraſſez vos femmes, autant que vous pouvés, ſur des chaiſes, ou debout, ſans conſidérer le dommage qui en réſulte: témoins ces jeunes gaillards, qui font ſervir leur table de Lit, au Village de *Doſſenra*. Vous eſtes encore ſujets à deux maladies que nous ne connoiſſons pas; l'une que les Ilinois appellent *Mal chaud*, dont ils ſont attaqués, auſſi bien que les Peuples du *Miſſiſipi*, laquelle maladie paſſe chez vous pour le mal des femmes; & l'autre que vous appellez

Scorbut & que nous appellons *le mal froid*, par les simptomes & les causes de ces maladies, que nous avons observées depuis que les François sont en Canada. Voilà bien des maladies qui régnent parmi vous autres, & dont vous avez bien de la peine à guerir. Vos Médecins vous tuent, au lieu de vous redonner la santé; parce qu'ils vous donnent des remédes qui, pour leur interest, entretiénent long-temps vos maladies, & vous tuent à la fin. Un Médecin seroit toûjours gueux s'il guérissoit ses malades en peu de temps. Ces gens-là n'ont garde d'aprouver nostre maniere de suer, ils en connoissent trop bien la conséquence; & quand on leur en parle, voicy ce qu'ils disent. *Il n'y a que de foux capables d'imiter les foux; les Sauvages ne sont pas; appellez Sauvages pour rien; leurs remédes ne sont pas moins sauvages qu'eux: s'il est vray qu'ils suent, & se jettent ensuite dans l'eau froide ou dans la neige, sans crever sur le champ, c'est à cause de l'air, du climat, & des alimens de ces Peuples, qui sont diférens des nôtres: mais cela n'empêche pas que tel Sauvage est mort à 80. ans qui en auroit vécu 100. s'il n'avoit pas usé de ce remède épouvantable.* Voilà ce que disent vos Médecins, pour empêcher que vos Peuples d'Europe se trouvent en état de se passer de leurs remédes. Or, il est constant que si de temps en temps vous vouliez suer de cette maniére, vous-vous porteriez le mieux du monde, & tout ce que le vin, les épiceries, les excez de femmes, de veilles, & de fatigues

gues pourroient engendrer de mauvaiſes humeurs dans le ſang, ſortiroient par les pores de la chair. Alors,adieu la médecine & tous ſes poiſons. Or, ce que je te dis, mon cher Frére, eſt plus clair que le jour; ce raiſonement n'eſt pas pour les ignorans. Car ils ne parleroient que de pleuréſies & de rhumatiſmes à l'iſſue de ce reméde. C'eſt une choſe étrange qu'on ne veüille pas écouter la réponſe que nous faiſons à l'objection que vos Médecins nous font ſur cette maniére de ſuer. Il eſt conſtant, mon cher Frére, que la Nature eſt une bonne Mére, qui voudroit que nous vêçuſſions éternellement. Cependant nous la tourmentons ſi violemment qu'elle ſe trouve quelquefois tellement afoiblie, qu'à peine a-t-elle la force de nous ſecourir. Nos débauches & nos fatigues engendrent de mauvaiſes humeurs, qu'elle voudroit pouvoir chaſſer de nos corps, s'il luy reſtoit aſſez de vigueur pour en ouvrir les portes, qui ſont les pores de la chair. Il eſt vray qu'elle en chaſſe autant qu'elle peut par les urines, par les ſelles, par la bouche, par le nez, & par la tranſpiration inſenſible; mais la quantité des ſéroſitez eſt quelquefois ſi grande: qu'elles ſe répandent ſur toutes les parties du corps, entre cuir & chair. Alors il s'agit de les faire ſortir au plus vîte, de peur que leur trop long ſéjour ne cauſe cette goûte, rumatiſme, hydropiſie, paraliſie, & toutes les autres maladies qui peuvent altérer la ſanté de l'homme. Pour cet effet, il faut donc ouvrir ces pores pas le moyen de la ſueur; mais il faut enſuite les fermer

fermer afin que le ſuc nouriſſier ne ſorte pas en même temps par le même chemin ouvert. Ce qu'on ne ſçauroit empêcher à moins qu'on ne ſe jette dans l'eau froide , comme nous faiſons. Il en eſt de même que ſi des loups eſtoient entrez dans vos Bergeries ; alors vous ouvririez vîte les portes , afinque ces méchans animaux en ſortiſſent ; mais enſuite vous ne manqueriez pas de les fermer, afin que vos Moutons ne les ſuiviſſent pas. Vos Médecins auroient raiſon de dire qu'un homme qui s'échauferoit à la chaſſe ou à quelque Exercice violent,& ſe jetteroit enſuite dans l'eau froide , ſe riſqueroit extrémement à perdre la vie. C'eſt un fait inconteſtable, car le ſang étant agité & boüillant, pour ainſi dire, dans les veines, il ne manqueroit pas de ſe congeler ; de la même maniére que léau boüillante ſe congéle plus facilement que l'eau froide, lorsqu'on l'expoſe à la gelée, ou qu'on la jette dans une fontaine bien froide. C'eſt tout ce que je puis penſer ſur cette affaire. Au reſte, nous avons des maladies qui ſont également ordinaires aux François. Ce ſont la petite vérole,les fiévres , pleuréſies & même nous voyons aſſez ſouvent parmi nous une eſpece de malades que vous appellés *hypocondriaques*. Ces fous s'imaginent qu'un petit *Manitou* gros comme le poing, & que nous appellons *Aoutaerohi*, en nôtre langue, les poſſéde, & qu'il eſt dans leurs corps, ſur tout dans quelque membre qui leur fait tant ſoit peu de de mal. Ceci provient de la foibleſſe d'eſprit de ces gens-là, Car enfin, il y a des ignorans & des fous parmi nous, comme

comme parmi vous autres. Nous voyons tous les jours des Hurons de cinquante ans, qui ont moins d'esprit & de discernement que des jeunes filles. Il y en a de superstitieux, comme parmi vous autres. Car ils croyent premiérment que l'esprit des songes est l'Ambassadeur & le Messager, dont le grand Esprit se sert pour avertir les hommes de ce qu'ils doivent faire. A l'égard de nos *Jongleurs*, ce sont, des Charlatans & des Imposteurs, comme vos Médecins; avec cette différence qu'ils se contentent de faire bonne chére aux dépens des malades, sans les envoyer dans l'autre monde, en reconnoissance de leurs festins & de leurs présens.

LAHONTAN.

Ha! pour le coup, mon intime Adario, je t'honore au delà de tout ce que je pourrois t'exprimer; Car tu raisonnes comme il faut. J'amais tu n'as mieux parlé. Tout ce que tu dis des sueurs est effectivement vray. Je le connois par expérience tellement bien, que de ma vie je n'useray d'autre reméde que de celuy-là. Mais je ne sçaurois soufrir pourtant que tu te récries si fort contre la saignée; car il me souvient que tu me dis, il y a quinze jours, cent raisons sur la nécessité de conserver nôtre sang, puisqu'il est le trésor de la vie. Je ne te contredirai pas tout à fait sur cela, mais je te dirai pourtant que vos remédes contre les pleuresies & les fluxions ne réüssissent quelquefois que par hazard; puisque de vint malades il en eu meurt quinze ; au lieu que la ſaignée ne manque jamais alors de les guérir. J'avoüe qu'en les guériſſant par cette voye-là, on abrége leurs jours ; & que tel homme qui a été plus ou moins ſaigné, auroit vêcu plus ou moins d'années qu'il n'a fait. Mais enfin, on ne conſidérepas toutes ces choſes quand on eſt malade, on ne ſonge qu'à guérir, à quelque prix que ce ſoit, & chaqu'un recherche la ſanté aux dépens de quelques années de vie de plus ou de moins, qu'on perd avec la perte de ſon ſang. Enfin, tout ce que je puis remarquer, c'eſt que les Peuples de Canada ſont d'une meilleure compléxion que ceux de l'Europe, plus infatigables, & plus robuſtes ; accoûtumez aux fatigues, aux veilles & aux jeûnes, & plus inſenſibles au froid & à la chaleur. De ſorte qu'étant exempts des paſſions qui tourmentent nos âmes, ils ſont en même-temps à couvert des infirmitez dont nous ſommes accablez. Vous étes gueux & miſerables, mais vous joüiſſez d'une ſanté parfaite ; au lieu qu'avec nos aiſes & nos commoditez, il faut que nous ſoïons, ou par complaiſance, ou par occaſion, réduits à nous tuer nous-mêmes, par une infinité de débauches, auxquelles vous n'étes jamais expoſez.

ADARIO.

Mon Frére, je viens te viſiter avec ma fille, qui va ſe marier, malgré moi, avec un jeune homme qui eſt auſſi bon guerrier, que mauvais Chaſſeur. Elle le veut, cela ſuffit parmi nous : mais il n'en eſt pas ainſi parmi vous.

Car

Car il faut que les Péres & les Méres consentent au mariage de leurs enfans.

Or il faut que je veüille ce que ma fille veut aujourdhui. Car si je prétendois lui donner un autre Mari ; elle me diroit aussitôt : *Pére , à quoy penses tu ? suis-je ton Esclave ? ne dois-je pas joüir de ma Liberté ? Dois-je me marier pour toy ? Epouzeray-je un homme qui me déplaît , pour te satisfaire ? Comment pourray-je soufrir un époux qui achete mon corps à mon Pére , & comment pourray-je estimer un Pére qui vend sa fille à un brûtal ? Est-ce qu'il me sera possible d'aimer les enfans d'un homme que je n'aime pas ? Si je me marie avec luy , pour t'obeïr , & que je le quitte au bout de quinze jours , suivant le privilége & la liberte naturelles de la Nation , tu diras que CELA VA MAL ; cela te déplaira ; tout le monde , en rira , & peut-être , je seray grosse.* Voilà, mon cher Frére , ce que ma fille auroit sujet de me répondre ; & peut-être, encore pis , comme il arriva il y a quelquels années à un de nos Vieillards , qui prétendoit que sa Fille se mariât avec un homme qu'elle n'aimoit pas. Car elle luy dit , en ma présence, mille choses plus dures , en luy reprochant qu'un homme d'esprit ne devoit jamais s'exposer à donner des conseils aux personnes dont ils en pourroit recevoir , ni exiger de ses enfans des obéïssances qu'il connoît impossibles. Enfin , elle ajoûta à tout cela, qu'il étoit vrai qu'elle étoit sa fille , mais qu'il devoit se contenter d'avoir eû le plaisir de la faire , avec une femme qu'il aimoit autant que cet-

te

te fille haïssoit le Mari que son Pére prétendoit luy donner. Il faut que tu sache que nous ne faisons jamais de mariage entre parens, quelque éloigné que puisse être le degré de parentage. Que nos femmes ne se remarient plus dés qu'elles ont atteint l'âge de quarante ans, parceque les enfans qu'elles font au dessus de cet âge-là sont de mauvaise constitution. Cependant, ce n'est pas à dire qu'elles gardent la continence ; au contraire, elles sont beaucoup plus passionnées à cet âge qu'à vint ans ; ce qui fait qu'elles écoutent si favorablement les François, & que même elles se donnent le soin de les rechercher Tu sçais bien que nos femmes ne sont pas si fécondes que les Françoises, quoi-qu'elles se lassent moins qu'elles d'estre embrassées; cela me surprend, car il arrive en cela tout le contraire de ce qui devroit arriver.

LAHONTAN.

C'est par la même raison que tu viens de dire, mon pauvre Adario, qu'elles ne conçoivent pas si facilement que nos Femmes. Si elles ne prenoient pas si fréquemment les plaisirs de l'amour, ni avec tant d'avidité, elles donneroient le temps à la matiére convenable à la production des enfans, de se rendre telle qu'il faut qu'elle soit pour engendrer. Il en est de même qu'un Champ, dans lequel on semeroit sans cesse du bled d'Inde, sans le laisser jamais en friche; Car il arriveroit qu'à la fin il ne produiroit plus rien,

rien (comme l'expérience te l'a, ſans doute, fait voir), au lieu qu'en laiſſant repoſer ce champ, la terre reprend ſes forces, l'air, le ſerain, les pluyes, & le ſoleil luy redonnent un nouveau ſuc, qui fait germer le grain qu'on y ſeme. Or, écoute un peu, mon Cher, ce que je te veux dire. Pourquoy eſt-ce que les femmes ſauvages étant ſi peu fécondes, ont ſi peu l'acroiſſement de leur Nation en veüe, qu'une fille ſe fait avorter, lorſque le Pére de ſon Enfant vient à mourir ou à eſtre tué, avant que ſa groſſeſſe ſoit reconnue. Tu me répondras que c'eſt pour conſerver ſa réputation, parce qu'en ſuite elle ne trouveroit plus de Mari: Mais, il me ſemble que l'intérêt de la Nation, laquelle devroit ſe multiplier, n'eſt guére en recommandation dans l'eſprit de vos femmes. Il n'en eſt pas ainſi des nôtres; car, comme tu me le diſois l'autre jour, nos Coureurs de bois; & bien d'autres, trouvent aſſez ſouvent de nouveaux enfans dans leurs Maiſons, au retour de leurs Voyages. Cependant ils s'en conſolent, car ce ſont des corps pour la Nation, & des ames pour le ciel. Aprés cela ces femmes ſont autant deshonorées que les vôtres, & quelquefois on les met en priſon pour toute leur vie; au lieu que les vôtres peuvent avoir enſuite tant de galans qu'elles veulent. C'eſt une trés-abominable cruauté de détruire ſon enfant. C'eſt ce que le Maître de la vie ne ſçauroit jamais leur pardonner. Ce ſeroit un des principaux abus à réformer parmi vous.

vous. Ensuite, il faudroit retrancher la nudité ; car enfin le privilége que vos Garçons ont d'aller nuds, cause un terrible ravage dans le cœur de vos filles ; car n'étant pas de bronze, il ne se peut faire qu'à l'aspect des piéces, que je n'ozerois nommer, elles n'entrent en rut en certaines occasions, où ces jeunes Coquins font voir que la Nature n'est ni morte ni ingrate envers eux.

ADARIO.

La raison que tu me donnes de la sterilité de nos femmes est merveilleuse, car je conçoi maintenant que cela se peut. Tu condamnes aussi fort à propos le crime de ces Filles qui se font avorter avec leurs breuvages. Mais ce que tu dis de la nudité ne s'acorde guére avec le bon sens. Je conviens que les Peuples chez qui le *tien* & le *mien* sont introduits, ont grande raison de cacher non seulement leurs Parties viriles, mais encore tous les autres membres du corps. Car à quoy serviroit l'or & l'argent des François, s'ils ne les employoient à se parer avec de riches habits ? puisque ce n'est que par le vêtement qu'on fait état des gens. N'est-ce pas un grand avantage pour un François de pouvoir cacher quelque défaut de nature sous de beaux habits ? Croy-moy, la nudité ne doit choquer uniquement que les gens qui ont la propriété des biens. Un laid homme parmi vous autres, un mal bâti trouve le secret de se rendre beau & bien fait, avec une belle perruque, & des habits dorez, sous lesquels on ne peut distinguer les hanches & les fes-

fesses artificelles d'avec les naturelles. Il y auroit encore un grand inconvenient si les Européans alloient nuds; c'est que ceux qui seroient bien armez trouveroient tant de pratique&tant d'argent à gagner, qu'ils ne songeroient à se marier de leur vie, & qu'ils donneroient occasion à une infinité de femmes de violer la foy conjugale. Imagine-toy que ces raisons n'ont aucun lieu parmi nous, où il faut que tout serve, sans exception, tant petits que grands; les filles qui voient de jeunes gens nuds, jugent à l'œil de ce qui leur convient. La Nature n'a pas mieux gardé ses proportions envers les femmes qu'envers les hommes. Ainsi, chacune peut hardiment juger qu'elle ne sera pas trompée en ce qu'elle attend d'un Mari. Nos femmes sont capricieuses, comme les vôtres, ce qui fait que le plus chetif Sauvage peut trouver une femme. Car comme tout paroît à découvert, nos filles choisissent quelquefois suivant leur inclination; sans avoir égard à certaines proportions: les unes aiment un homme bien fait, quoiqu'il ait je ne sçay quoy de petit en luy. D'autres aiment un mal bâti pourveu qu'elles y trouvent je ne sçay quoy de grand; & d'autres préférent un homme d'esprit & vigoureux, quoiqu'il ne soit ni bien fait, ni bien pourveu de ce que je n'ay pas voulu nommer. Voilà, mon Frére, tout ce que je puis te répondre sur le crime de la nudité, qui, comme tu sçais, ne doit uniquement estre imputé qu'aux Garçons; puisque les gens veufs ou mariez cachent soig-

ſoigneuſement le devant & le derriére. Au reſte, nos Filles ſont en recompenſe plus modeſtes que les vôtres; car on ne voit en elles rien de nud que le gras de la jambe, au lieu que les vôtres montrent le ſein tellement à découvert que nos jeunes gens ont le nez collé ſur le ventre, lorqu'ils trafiquent leurs Caſtors aux belles Marchandes qui ſont dans vos Villes. Ne ſeroit-ce pas là, mon Frére, un abus à réformer parmi les François? Car, enfin,ne ſçay je pas de bonne part qu'il n'eſt guére de Françoiſe, qui puiſſe réſiſter à la tentation de l'objet de qui leur ſein découvert provoque l'émotion. Ce ſeroit le moyen de préſerver leurs Maris du mal chimérique de ces Cornes que nous plantons ſur leur front, ſans les toucher, ni même les voir; ce qui ſe fait par un miracle que je ne ſçaurois conçevoir. Car, enfin, ſi je plante un pommier dans un jardin, il ne croît pas ſur le ſommet d'un rocher; ainſi vos Cornes inviſibles ne doivent prendre racine qu'à l'éndroit où leur ſemence eſt jettée; D'où il s'enſuit qu'elles devroient ſortir du front de vos Femmes, pour repréſenter les outils du Mari & du Galand. Au reſte, cette folie de Cornes eſt épouvantable; car pourquoy chagriner un Mari de cette injure, à l'ocaſion des plaiſirs de ſa Femme? Or s'il faut épouſer les vices d'une femme en l'épouzant, le mariage des François eſt un Sacrement qui ne doit pas être fondé ſur la droite raiſon; ou bien il faut de néceſſité retenir ſon Epouſe ſous la clef pour éviter ce deshonneur. Il faut que le nombre de ces Maris ſoit bien grand,

grand; car, enfin, je ne conçoi pas qu'une femme puisse penser à la rigueur de cette châine éternelle, sans chercher quelque espéce de soulagement à ses maux, chez quelque bon Ami. Je pardonnerois les François s'ils s'en tenoient à leur mariage sous certaines conditions; c'est-à dire, pourvû qu'il en provînt des enfans, & que le mari & la femme eussent toûjours une assèz bonne santé pour s'aquiter, comme il faut, du devoir du mariage. Voilà tout le réglement qu'on pourroit faire chez des Peuples qui ont le *Tien* & le *Mien*. Or il s'agit encore d'une chose impertinente; C'est que parmi vous autres Chrêtiens les hommes se font gloire de débaucher les femmes; comme s'il ne devoient pas, selon toute sorte de raisons, estre aussi criminel aux uns qu'aux autres de sucomber à la tentation de l'amour. Vos jeunes Gens font tous leurs éforts pour tenter les Filles & les Femmes. Ils employent toutes sortes de voyes pour y réüssir. Ensuite ils le publient, ils le disent par tout. Chacun loue le Cavalier, & méprise la Dame; au lieu de pardonner la Dame, & de châtierle Cavalier. Comment prétendez vous que vos Femmes vous soient fidéles, si vous ne l'étés pas à elles? Si les Maris ont des Maîstresses, pourquoy leurs Epouses n'auront-elles pas des Amans? Et si ces Maris préfèrent les jeux & le vin à la compagnie de leurs femmes, pourquoy ne chercheront elles pas de la consolation avec quelque Ami? Voulez-vous que vos Femmes soient sages, soyez ce, que vous appellez *Sauvages*, c'est

c'estâ dire, soyez *Hurons*; aimés les comme vous mêmes, & ne les vendés pas. Car je connois certains Maris parmi vous qui consentent aussi lâchement au libertinage de leurs Epouses, que des Méres à la prostitution de leurs Filles. Ces gens-là ne le font que parce que la nécessité les y oblige. Sur ce pied-là c'est un grand bonheur pour les Hurons de n'être pas réduits à faire les bassesses, que la misére inspire aux gens qui ne sont pas accoutumés d'être miserables. Nous ne sommes jamais ni riches, ni pauvres; & c'est en cela que nôtre bonheur est au dessus de toutes vos richesses. Car nous ne sommes pas obligez de vendre nos Femmes & nos Filles, pour vivre aux dépens de leurs travaux amoureux. Vous dites qu'elles sont sottes. Il est vray, nous en convenons; Car elles ne sçavent pas écrire des billets à leurs Amis, comme les vôtres; & quand cela seroit, l'esprit des Hurones n'est pas assez pénétrant pour choisir à la phisionomie des Vieilles assez fidéles pour porter ces létres galantes sous un silence éternel. Ha! maudite Ecriture! pernicieuse invention des Européans, qui tremblent à la veüe des propres chiméres qu'ils se représentent eux mêmes par l'arrangement de vint & trois petites figures, plus propres à troubler le repos des hommes qu'à l'entretenir. Les Hurons sont aussi des sots, s'il vous en faut croire, parce qu'ils n'ont point d'égard à la perte du pucelage des filles qu'ils epousent; & qu'ils prénent en mariage des Femmes que leurs Camarades ont abandonées.
Mais

Mais, mon Frére, di-moy, je te prie, les François en sont-ils plus sages pour s'imaginer qu'une fille est pucelle, parce qu'elle crie, & qu'elle jure de l'estre? Or, supposons qu'elle soit telle qu'il la croit, la conqueste en est-elle meilleure? Non vraîment; au contraire, le Mari est obligé de luy aprendre un exercice qu'elle met ensuite en pratique avec d'autres gens, lorsqu'il n'est pas en état de le continuer journellement avec elle. Pour ce qui est des Femmes que nous épousons aprez la séparation de leurs Maris; n'est-ce pas la même chose que ce que vous appellez se marier avec des Veuves? Néanmoins avec cette diférence que ces Femmes ont tout lieu d'estre persuadées que nous les aimons, au lieu que la plûpart de vos Veuves ont tout sujet de croire que vous épousez moins leurs corps que leurs richesses. Combien de désordres n'arrive-t'il pas dans les Familles par des mariages comme ceux-là? Cependant, on n'y rémédie pas, parce que le mal est incurable, dez-que le lien conjugal doit durer autant que la vie. Voici encore une autre peine parmi vous autres, qui me paroît tout à fait cruelle. Vôtre mariage est indissoluble, cependant une fille & un Garçon qui s'aiment reciproquement ne peuvent pas se marier ensemble sans le consentement de leurs Parens. Il faudra qu'ils se marient l'un & l'autre au gré de leurs Péres, & contre leurs desirs, quelque répugnance qu'ils ayent, avec des personnes qu'ils haïssent mortellement. L'inégalité d'âge, de bien, & de condition causent tous ces désor-

 dres.

dres. Ces confidérations l'emportent fur l'amour mutuel des deux Parties, qui font d'acord entr'elles. Quelle cruauté & quelle tirannie d'un Pére envers fes Enfans ? Voit-on cela parmi les Hurons ? Ne font-ils pas auffi nobles, auffi riches les uns que les autres ? Les Femmes n'ont-elles pas la même liberté que les Hommes, & les Enfans ne joüiffent-ils pas des mêmes priviléges que leurs Péres ? Un jeune Huron n'époufera-t'il pas une des efclaves de fa Mére, fans qu'on foit en droit de l'en empêcher ? Cette efclave n'eft-elle pas faite comme une femme libre, & dez-qu'elle eft belle, qu'elle plait ne doit-elle pas être préferable à la fille du grand Chef de la Nation, qui fera laide ? N'eft ce pas encore une injuftice pour les Peuples qui déteftent la communauté des biens; que les Nobles donnent à leur premier fils prefque tout leur bien, & que les fréres & les fœurs de celuy-ci foient obligez de fe contenter de trés-peu de chofe; pendant que cet Aîné ne fera peut-être pas légitime, & que tous les autres le feront ? Qu'en arrive-t'il fi ce n'eft qu'on jette les Filles dans des Couvents, prifons perpétuelles, par une barbarie qui ne s'acorde guére avec cette Charité Chrétienne, que les Jéfuites nous prêchent? Si ce font des Garçons, ils fe trouvent réduits à fe faire Prêtres, ou Moines, pour vivre du beau mêtier de prier Dieu malgré eux, de prêcher ce qu'ils ne font pas, & de perfuader aux autres, ce qu'ils ne croyent pas eux-mêmes. S'il s'en trouve qui prénent le parti de la guerre, c'eft plûtôt pour piller

la

la Nation, que pour la défendre de ses Ennemis. Les François ne combatent point pour l'interêt de la Nation, comme nous faisons, ce n'est que pour leur propre intérêt & dans la vûe d'aquérir des Emplois, qu'ils combatent. L'amour de la Patrie & de leurs Compatriotes y ont moins de part que l'ambition, les richesses, & la vanité. Enfin, mon cher Frére, je conclus ce discours en t'assûrant, que l'amour propre des Chrêtiens, est une folie que les Hurons Condamneront sans cesse. Or cette folie qui régne en tout parmi vous autres François, ne se remarque pas moins dans vos amours & dans vos mariages; lesquels sont aussi bizarres que les gens qui donnent si sottement dans ce paneau.

LAHONTAN.

Ecoute, *Adario*, je me souviens de t'avoir dit qu'il ne faloit pas juger des actions des honêtes gens, par celles des Coquins. J'avoüe que tu as raison de blâmer certaines actions que nous blâmons aussi. Je conviens que la propriété de biens est la source d'une infinité de passions, dont vous estes exempts. Mais, si tu regardes toutes choses du bon côté, & sur tout nos amours & nos mariages, le bel ordre qui est établi dans nos Familles, & l'éducation de nos Enfans, tu trouveras une conduite merveilleuse dans toutes nos Constitutions. Cette Liberté, que les Hurons nous prêchent, cause un désordre épouvantable. Les Enfans sont aussi grands maîtres que leurs Péres, & les Femmes qui

 doi-

doivent estre naturellement sujettes à leurs Maris, ont autant de pouvoir qu'eux. Les Filles se moquent de leurs Méres, lorsqu'il s'agit de prêter l'oreille à leurs Amans ; En un mot, toute cette liberté se réduit à vivre dans une débauche, perpétuelle, & donne à la Nature tout ce qu'elle demande, à l'imitation des Bêtes. Les Filles des Hurons font consister leur sagesse dans le secret, & dans l'invention de cacher leurs débauches. * *Courir la luméte* parmi vous autres, est ce qui s'appelle chez nous, *chercher avanture.* Tous vos jeunes Gens courent cette luméte tant que la nuit dure. Les portes des Chambres de vos Filles sont ouvertes à tous venans ; & s'il se présente un jeune Homme qu'elle n'aime pas, elle se couvre la teste de sa couverture. C'est à dire qu'elle n'en est point tentée. S'il en vient un second, peut-estre elle luy permétra de s'asseoir sur le pied de son lit, pour parler avec elle, sans passer outre. C'est à dire qu'elle veut ménager ce drôle-là pour avoir plusieurs cordes à son arc ; en vient-il un troisiéme qu'elle veut duper, avec une plus feinte sagesse, elle luy permétra de se coucher auprés d'elle sur les couvertures du lit. Celuy-ci est-il parti, le quatriéme arrivant trouve le lit & les bras de la fille ouverts à son plaisir, pour deux ou trois heures ; & quoi qu'il n'employe ce temps-là à rien moins qu'en paroles, on le croit cependant à la bonne foy. Voilà, mon cher Adario,

* *C'est entrer, pendant la nuit, dans la Chambre de sa Maîtresse, avec une espéce de Chandelle.*

dario, le putanisme de tes Hurones couvert d'un manteau d'honnête conversation, & d'autant plus que quelque indiscrétion que puissent avoir les Amans envers leur Maîtresses, (ce qui n'arrive guéres) bien loin de les croire, on les traite de *jaloux*, qui est une injure infame parmi vous autres. Aprez tout ce que je viens de dire, il ne faut pas s'étonner, si les Americaines ne veulent point entendre parler d'amour, pendant le jour, sous prétexte que la nuit est faite pour cela. Voilà ce qu'on appelle en France *cacher adroitement son jeu*. S'il y a de la débauche parmi nos Filles, au moins il y a cette diférence que la régle n'est pas générale, comme parmi les vôtres, & que d'ailleurs elles ne vont pas si brutalement au fait. L'amour des Européanes est charmant, elles sont constantes & fidéles jusqu'à la mort; lorsquelles ont la foiblesse d'accorder à leurs Amans la derniére faveur, c'est plûtôt en vertu de leur mérite intérieur, qu'exterieur, & toûjours moins par le desir de se contenter elles-mêmes, que de donner des preuves sensibles d'amour à leurs Amans. Ceux-ci sont galans, cherchant à plaire à leurs Maîtresses par des maniéres tout à fait jolies, comme par le respect, par les assiduitez, par la complaisance. Ils sont patiens, zelés, & toûjours prêts à sacrifier leur vie & leurs biens pour elles; ils soupirent long-temps avant que de rien entreprendre. Car ils veulent mériter la derniére faveur par des longs-services. On les voit à genoux aux pieds de leurs Maîtresses mendier le privilége de leur baiser la main.

 Et

Et comme le Chien ſuit ſon Maître en veillant, lorsqu'il dort; auſſi chez nous un véritable Amant ne quitte point ſa Maîtreſſe, & il ne ferme les yeux que pour ſonger à elle, pendant le ſommeil. S'il s'en trouve quelqu'un aſſez fougueux pour embraſſer ſa Maîtreſſe bruſquement à la premiere occaſion, ſans avoir égard à ſa foibleſſe, on l'appelle *Sauvage*, parmi nous, c'eſt à dire homme ſans quartier, qui commence par où les autres finiſſent.

ADARIO.

Hô hô, mon cher Frére, les François ont-ils bien l'eſprit d'appeller ces gens là *Sauvages*? Ma foy, je ne croyois pas que ce mot là ſignifiât parmi vous un homme ſage & concluſif; Je ſuis ravi d'aprendre cette nouvelle; ne doutant pas qu'un jour vous n'apelliez *Sauvages*, tous les François qui ſeront aſſez ſages pour ſuivre exactement les véritables régles de la juſtice & de la raiſon. Je ne m'étonne plus de ce que les ruſées Françoiſes aiment tant les Sauvages; elles n'ont pas tout le tort; car, à mon avis, le temps eſt trop cher pour le perdre, & la jeuneſſe trop courte pour ne pas profiter des avantages qu'elle nous donne. Si vos Filles ſont conſtantes à changer ſans ceſſe d'Amans, cela peut avoir quelque raport à l'humeur des nôtres. Mais, lors qu'elles ſe laiſſent fidélement careſſer par trois ou quatre, en même-temps, cela eſt tres diférent du génie des Hurones. Que les Amans François paſſent leur vie à faire re les folies que tu viens de me dire, pour vaincre leurs Maîtresses, c'est à dire qu'ils employent leur temps, & leurs biens à l'achat d'un petit plaisir précédé de mille peines & de mille soucis, je ne les en blâmerai pas, puisque j'ay fait la folie de me risquer sur d'impertinens Vaisseaux à traverser ler Mers rudes qui séparent la France de ce Continent, pour avoir le plaisir de voir le Païs des François. Ce qui m'oblige à me taire. Mais les gens raisonables diront que ces sortes d'Amans sont aussi fous que moy ; avec cette diférence que leur amour passe aveuglément d'une Maîtresse à l'autre, les exposant à soufrir les mêmes tourmens. Au lieu que je ne passerai plus de ma vie de l'Amérique en France.

FIN des DIALOGUES.

VOYAGES

Du

BARON de LAHONTAN

En

PORTUGAL,

Et en

DANEMARC.

ROYAUME de PORTUGAL
Par N. de Fer
Lieues Communes de France
Lieues Communes d'Espagne
Lieues Communes d'Allemagne
Bayona
Minho R
R Lima
R Cauado
R Daues
R Douro
C de Mondogo
R. Mondogo
Barlenga I
Vigo
Gondomar
Tuy
Valenca
Caminha
Braga
Porto
Celanoua
Monterey
Villa Veja
Araujo
Chaues
Braganca
Entre Minho
Douro
Tra los Montes
Lamego
Torre de Moncorno
Castel
Almeida
Viseu
Francoso
Aveiro
Linhares
Guarda
Ciudad Rodrigo
Penacoua
Coimbra
Sabugal
Alfajates
Soure
Pedrogaon
Pombal
Leria
Castel Branco
Idanha a velha
Monsanto
Coria
Segura
Alcantara
Abrantes
Obedos
Alburquerque
PORTUGAL
Beira
Estremadura

Pombal
Figueiro dos vinhos
Sertam
Castel Branco
a Velha
Coria
Leria
Idanha a nueva
Segura
Salvaterra
Batalha
orem
Alcobaca
Atalaya
Torres novas
Punhete
Abrantes
Barlenga I
Alcanede
Obedos
Montalvaon
Gaviaon
Alcantara
Maruaon
Almerin
Mugen
Montargil
Coruche
Seda
Portalegre
Alburquerque
Almoharin
Feria
Aronches
Salvatierra
Villa Franca
Torres Vedras
Lisbona
Cascaes
Aris
Merida
Montijo
Valaueruela
Trugilhano
Cabo de Rocca
Cintra
Elvas
Badajos
Arroyo de S Seruan
R Tajo
Arrayolo
Redondo
Villa Vicosa
Olivenca
Almendralejo
Cezimbra
Setubal
EBORA
Barcarata
Cabo de Espichel
Alcazar do sal
Monsaraz
Mourazon
Xeres de badajos
R Zadaon
Viana
Portel
Moura
Cambre
Villa de Frades
Cartegena
Alcastrel
Bexa
Frexenal
Aracena
S Iago de Cacem
Odesfines
Serpa
Villa nova de Milfontes
Ourique
Mertola
Puymogo
Almodovar
Odemira
S Lucar
Sevilla
Veas
Mancaulle
Xeres de Guadiana
ROYAUME DALGARVE
Silves
Lucena
Utrera
Monchique
Tavira
Lepe
Ayamonte
Moguer
Palos
Lagos
Lole
FARO
Cabo de S Vincente
Ponta de Carvoeiro
Cabo de Sta Maria
I des Caes
R Guadiana
Guelues
R Guadalquivir
Lebrixa
Arcos
ROYAUME DE PORTUGAL
Estremadura
Alentejo
39
38
37
9
10
11
12
13

VOYAGES
De
PORTUGAL,
Et de
DANEMARC.

MONSIEUR,

Una salus victis nullam sperare salutem.

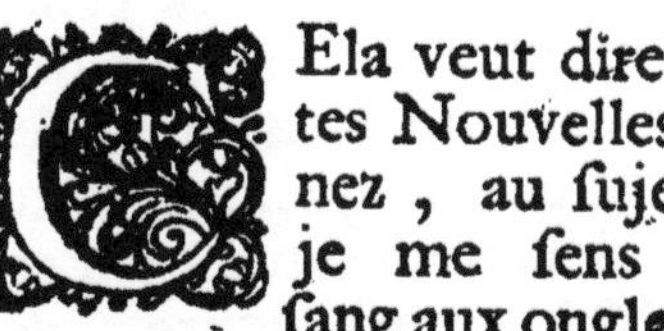

CEla veut dire que sur les méchantes Nouvelles que vous m'apprenez, au sujet de mon affaire, je me sens encore assez de sang aux ongles, pour braver tous les revers de la Fortune. L'Univers, qui est la Patrie des Irondéles & des Jésuites, doit être aussi la mienne, jusqu'à ce qu'il plaise à Dieu de faire aller en l'autre monde des gens qui luy sont fort inutiles en celuy-ci. Je suis ravi que les Mémoires de *Canada* vous ayent plû, & que mon stile sauvage ne vous ait pas éfrayé. Aprez tout, vous auriez tort de trouver à redire à ce jargon ; car nous sommes vous & moy d'un Païs, où l'on ne sçait parler François que lorsqu'on n'a plus la force de le prononcer. D'ailleurs, il n'est pas possible qu'ayant passé si jeune dans l'Amérique, j'aye pû trouver en ce païs-là le secret d'écrire polîment. C'est une science qu'on ne sçauroit aprendre parmi des Sauvages, dont la société rustique est capable d'abrutir les gens du monde les plus polis. Vous me pressez de continuer à vous aprendre de nouvelles choses ; j'y consens : mais ne comptez pas, aux moins, que je vous envoye ces belles descriptions que vous demandez. Car ce seroit m'exposer à la risée des Personnes auxquelles vous pourriez les communiquer. Je ne me sens pas assez habile Homme pour enchérir sur les Remarques curieuses qu'une infinité de Voyageurs ont bien voulu donner au Public. C'est assez que je vous fournisse des Mémoires particuliers sur certaines choses, dont on a fait si peu de cas, qu'on n'a pas creu devoir se donner la peine d'y faire attention. Et comme ce sont des matiéres qui n'ont jamais été sous la Presse, vous y trouverez, peut-être, quelque sorte de plaisir, par raport à la nouveauté. Sur ce pied-là je serai ponctuel à vous écrire, de quelque coin du monde où mon infortune me jette ; à condition que vous le serez aussi à me répondre exactement. Au reste, je me croy obligé de vous avertir que je ne sçaurois me résoudre à francizer les noms étrangers. Je les écriray comme les gens du Païs les écrivent, c'est à dire de la maniére qu'ils le doi-

doivent être. Aprez cela vous les prononcerez comme il vous plaira. Vous sçavez que je vous écrivis il-y-a deux mois & demi, qu'aprez avoir compté prez de trois cens pistoles au Capitaine du Vaisseau qui me sauva de *Plaisance* à *Vianna*, je fus assez heureux de métre pied à terre à cette Cité des *Callaiques*; ainsi donc il ne me reste qu'à reprendre de là le fil de mon Journal.

Je ne fus pas plûtôt sorti de la Chaloupe qu'un Gentilhomme François, qui sert le Roy de Portugal, * depuis trente & quatre ans, en qualité de Capitaine de Cavallerie, me fit offre de sa Maison; car il n'y avoit en ce lieu-là que des Cabarets à Matelots. Le lendemain ce vieux Officier me conseilla de saluer Don *Joan de Souza* Gouverneur Général de la Province d'entre *Douro* & *Minho*, & m'avertit que tout le monde luy donnoit *L'Excellentia* & qu'il ne rendoit la *Senoria* qu'aux premiers Gentils-Hommes du Royaume, & la † *Merced* à tous les autres; ce qui fit qu'au lieu de luy parler Espagnol, je me servis d'un Interpréte qui métamorphosa tous les *Vous* de mon compliment en *Excellence* Portugaise. *Vianne* dont la situation est à cinq lieües de *Braga* vers l'Occident, est renfermée dans un angle droit, dont la mer & la riviére de *Lima* font les deux costez. J'y vis deux Monastéres de *Bénédictines*, si mal rantez qu'elles mourroient de faim, si leurs Parens, ou leurs ‡ *Devotos* ne

* Du temps de Mr. de Schomberg.

† *Merced* qui signifie *merci*, est un titre un peu au dessus de *Vous*.

‡ *Devotos*, ce sont les amis des Nonains. Ce mot signifie *dévoués*.

ne les secouroient. Il y a un trés-bon Château sur le bord de la Mer, fortifié selon les régles de *Pagan*. Il est garni de plusieurs grosses Couleuvrines, qui mettent à couvert des *Salteins* les Batîmens qui moüillent à la *Rade où l'on està l'abri des 14. vents contenus entre le *Nord* & le *Sud*, vers la bande de *l'Est*. La Riviére est un † Havre de Barre dans lequel on ne sçauroit entrer sans la conduite des Pilotes de la ville, qu'on fait venir à bord par le signal du Canon & du Pavillon en ‡ *Berne*. C'est toûjours à l'instant de la pleine mer que les Vaisseaux se présentent devant cette Riviére, dans laquelle ils asséchent ensuite toutes les marées, à moins qu'ils ne soient placez à la fosse qui conserve, pour le moins, 8. ou 10. brasses d'eau de basse Mer. Le 4. de février ayant loué deux mules, l'une pour moy, l'autre pour mon Valet, sur le pied de trois piastres d'Espagne, je piquay de si bonne grace que j'arrivay le soir *à Porto à Porto*, quoique cette journée soit de 12. lieuës, d'une heure de chemin. Ces Animaux amblent vîte & legérement, sans broncher, ni fatiguer ceux qui les montent. Les Cavaliers ont la commodité de s'appuïer, quand ils

* *Rade*, moüillage prés des Côtes, où l'on est à couvert des vents qui viennent de ces Côtes.

† *Havre de Barre*, Port où l'on ne peut entrer qu'au temps de la pleine mer, parce que les Vaisseaux trouvent alors assez d'eau pour passer sur les sables, ou sur les fonds plats, sans échouer ni toucher. *Bayone. Bilbao*, *St. Ana*, *Vianne*, *Porto*, *Aveiro*, *Mondego*, *Lisbone & Salé* sont tous des Havres de Barre.

‡ Pavillon en Berne, c'est le tenir frelé, ou pendant en monceau du haut en bas.

ils veulent ſur leur valize, qui eſt ſoûtenue ſur deux cerceaux de fer, vers le pomeau des ſélles du Païs, dont la dureté n'acomode pas les gens auſſi maigres que moy. Au reſte, le chemin, quoique pierreux, eſt aſſez bon, le terrain eſt égal, le païſage riant, & la coſte de la mer ornée de quelques gros Villages, dont les principaux ſont *Expoſende*, *Faons*, & *Villa de Condé*. En arrivant à *Porto*, mon Guide me logea dans une Auberge Angloiſe, qui eſt la ſeule dont on ſe puiſſe accommoder. Cette ville-là eſt remplie de Marchans François, Anglois & Hollandois, à cauſe de l'avantage qu'ils retirent du commerce; quoique les derniers ſoient aſſez accoûtumez à faire de grandes pertes, depuis le commencement de la guerre, par l'inhumanité de nos Capres, qui ne ſe font pas de ſcrupule de prendre leurs Vaiſſeaux. *Porto* eſt bâti ſur la pente d'une Montagne aſſez eſcarpée, au pied de laquelle on voit couler la Riviére de *Duero*, qui ſe déchargeant une lieüe plus bas dans la Mer, paſſe ſur une *Barre ſituée

* Barre eſt à proprement parler un banc de ſable, qui traverſe ordinairement l'entrée des Riviéres, qui ne ſont pas aſſez rapides pour repouſſer dans la Mer les ſables que les vagues y accumulent, lorſque les vents du large ſouflent avec impétuoſité. Toutes les barres peuvent eſtre appelées bancs de ſable, car je n'ay jamais oüy dire qu'il y ait au monde aucune barre de chaîne de Rochers. Or comme ces ſables s'élévent vers la ſurface de l'eau comme un petit côteau dans une plaine, les Vaiſſeaux n'y ſçauroient paſſer qu'au temps de la pleine mer, parce qu'alors ils trouvent aſſez d'eau pour flotter au deſſus.

située à son embouchûre, ou les sages Navigateurs ne doivent se présenter que dans un beau temps, aprez avoir eû la précaution de faire venir à bord les Pilotes du Païs ; car il se trouve des Rochers cachez & découverts sur les sables de cette Barre, qui la rendent inaccessible aux Etrangers. Les Vaisseaux de 400. Tonneaux y trouvent assez d'eau vers le moment de la pleine mer, qui est le véritable temps dont il est à propos de se servir pour entrer dans cette Riviére. Il régne un beau quay d'une extrémité de la ville à l'autre ; le long duquel chaque bâtiment est amarré vis à vis de la Maison de son Propriétaire. J'eus le temps de voir la Flotte Marchande du *Brezil*, qui consistoit en 32. Navires Portugais, dont le moindre étoit armé de 22. Canons. Outre cela, je vis encore dans la Riviére quantité de Vaisseaux étrangers, sur tout cinq ou six Armateurs François, qui s'étoient jettez là pour acheter des vivres & des munitions. Cette Ville de *Porto* est belle, propre, & bien pavée, mais aussi trés-incommode par le desavantage de sa situation montueuse. Car il faut toûjours monter & descendre. La Galerie des Chanoines Réguliers de St. Augustin, est une piéce d'Architecture aussi curieuse par son extréme longueur, que leur Eglise par sa figure en rotonde, & par la richesse du dedans. Il y a un Parlement, un Evêché, des Académies où les jeunes Gens aprénent leurs exercices & un Arsenal pour l'équiquipement des Vaisseaux de guerre qu'on bâtit annuellement prés de l'embouchûre de la Riviére. Je suis surpris que cette Ville ne soit pas mieux fortifiée, puisque c'est la seconde du Royaume. Les murailles de l'enceinte n'ont que six pieds d'épaisseur, & de distance à autre on découvre des Tours ruïnées, que le temps a dégradé. C'est un ouvrage des *Mores*, & même des plus irréguliers de ces temps-là. Jugez de là, Monsieur, s'il seroit dificile d'emporter cette Place d'emblée. Bien en prend aux Portugais que cette Province, qui est une des meilleures du Royaume, soit presque inaccessible à leurs Ennemis, tant par mer, que par terre. D'un côté à cause des barres, dont j'ay parlé, & de l'autre à cause d'une infinité de Montagnes impraticables. Elle est trés-bien peuplée. Toutes les Vallées sont pleines de Bourgs & de Villages, où il se receüille quantité de vin & d'olives, & où l'on nourrit un assez grand nombre de Bestiaux, & même la laine qu'on en tire est assez fine: Je vous dis ceci sur le raport de quelques Marchans François, qui connoissent parfaitement bien cette Province là. On m'a dit qu'il est impossible de rendre la Riviére de *Duero* navigable pour des Bateaux, à cause de quelques cascades & courans qui se trouvent entre des rochers éfroyables. Contentez vous de ceci, je n'en sçay pas davantage.

Le 10. je partis pour *Lisbone*, dans une Littiére que je loüai dix huit mille six cens

cens *Reis*, qui font un nombre de piéces capable de surprendre tout d'un coup des gens qui ne sçauroient pas que ce ne sont que des deniers. Or comme c'est de cette maniere-là que les Portugais font tous leurs comptes, il faut vous expliquer qu'un *Reis* n'est autre chose qu'un denier, & que cette nombreuse quantité de piéces se réduit simplement à 25. Piastres. Sur ce pied-là mon Litérier s'obligea de me rendre à *Lisbone* le 9me. jour de marche, quoi qu'il deust s'écarter deux ou trois lieües de la route, pour satisfaire la curiosité que j'avois de passer à *Aueiro*, où j'arrivay le lendemain. Cette Bicoque est située sur les rives de la mer, & d'une petite Riviere de barre, où les Bâtimens qui ne* callent que 8. ou 9. pieds, entrent de pleine mer sous la conduite des Pilotes costiers. Elle est fortifiée à la Moresque, comme celle de *Porto*. Il s'y fait une assez grande quantité de sel pour en fournir abondamment deux ou trois Province; On y voit un trés-beau Monastére de Religieuses qui font leurs preuves d'ancienne noblesse & d'origine † *Christiaon veilhos*. La campagne est charmante jusqu'à trois lieues vers l'Orient, c'est à dire jusqu'au grand chemin de *Lisbonne*, qui est borné par une chaîne de Montagnes de *Porto* jusqu'a *Coimbre*. J'entray le 14. dans cette derniere ville, & voulant voir l'Université, mon Literier m'assûra que cette curiosité me coûteroit un jour de re-

* *Caller*, c'est enfoncer dans l'eau.

† C'est à dire de vieux Chrêtien. Grand Titre d'honneur dans ce Païs-là, par sa rareté.

retardement. Ce Collége, dont quelques Voyageurs ont fait mention, se rend assez fameux par le soin que le Roy de Portugal a eû d'y faire fleurir les Sçiences depuis son avénement à la Couronne. Il n'y a rien qui soit digne de remarque dans cette Ville-là, si ce n'est un double Pont de pierre, entre lequel, estant l'un sur l'autre, on peut traverser la riviere par un chemin couvert; On voit deux beaux Couvents l'un de Moines & l'autre de Réligieuses, situés à quarante ou cinquante pas l'un de l'autre. *Coimbre* a tître de Duché. Cette Ville joüit de plusieurs priviléges & prérogatives considérables. Elle est située à six lieües de la Mer, au pied d'une coste escarpée, sur laquelle on découvre des Eglises, des Monasteres, & deux ou trois belles Maisons. Son Evêché, qui est sufragant de *Braga*, est un des meilleurs du Royaume. De Coimbre à *Lisbone* le chemin est beau, le, païsage riant, & le Païs assez bien peuplé. J'arrivay à cette Capitale le 18. estant moins fatigué, que chagrin de m'être servi d'une Voiture, qui par sa lenteur ne peut convenir qu'aux Dames & aux Vieillards. J'aurois eû plus d'agrément en me servant de Mules. Car en ce cas, j'eusse fait ce petit voyage en cinq jours, à trés-peu de frais: c'est à dire pour 13. piastres, maître & valet. Au reste, il est à propos de vous dire, en passant, que les gens un peu délicats n'auroient jamais supporté sans mourir, l'incomodité des * *Posadas* de la Route dont

* *Posadas*, Retraite ou espéce de Cabarets pour les Voyageurs.

dont la description pitoyable sufiroit pour vous ôter l'envie d'aller à Lisbonne, quelque affaire que vous y eussiez. Je m'en suis pourtant acommodé comme des meilleures Auberges de France ; Car n'ayant fait de ma vie d'autre mêtier que de courir les Mers, les Lacs, & les Rivieres de Canada, vivant le plus souvent de racines & d'eau, sous des Tentes d'écorce, je dévorois comme un perdu, tout ce qu'on avoit le soin de me présenter, dans ces miserables Hôpitaux. Imaginez-vous, Monsieur, que l'Hôte conduit les Voyageurs, dans un Réduit qu'on prendroit plûtôt pour un Cachot que pour une Chambre. C'est-là qu'il faut attendre avec beaucoup de patience quelques ragoûts assaissonnez d'ail, de poivre, de ciboules, & de cent Herbes médicinales dont l'odeur feroit perdre l'appetit a *l'Iroquois* le plus affamé. Pour comble de disgrace, on est obligé de se reposer sur de certains matelas étendus sur le plancher, sans couverture ni paillasse ; & comme ils ne sont guére plus épais que cette Lettre, il en faudroit au moins deux ou trois cens pour être couché plus mollement que sur les pierres. Il est vray que l'Hôte en fournit autant qu'on en souhaite, au prix d'un sol la piéce. Et qu'il se donne la peine de les secouer & de les battre pour faire tomber les puces, les punaises, &c. Graces, à Dieu, je n'ay pas eû besoin de m'en servir. Car j'ay toûjours conservé mon * *Hamak* qu'il est facile de suspendre en tous lieux

* *Hamak* est une espece de branle de coton, plus long & plus large que les branles des Matelots.

lieux, par le moyen de deux grosses vrilles de fer. Au reste, ce que je vous dis icy de ces Cabarets, n'est qu'une bagatelle, en comparaison de ceux d'Espagne, s'il en faut croire des gens dignes de foy; C'est ce qui fait, à mon avis, qu'il n'en coûte presque rien pour la bonne chére, dans les uns & dans les autres.

Le jour d'aprez mon arrivée à Lisbone, je saluay Mr. l'Abbé *d'Estrées*, que le Roy de Portugal estime infiniment, Il est si fort honoré de tout le monde, qu'on le qualifie avec raison de *O mais perfecto dos perfectos Cavalheiros*, c'est à dire *du plus parfait des parfaits Cavaliers*. Son équipage est assez magnifique, quoiqu'il n'ait pas encore fait son Entrée publique. Sa Maison est trés-bien réglée, son Hôtel richement meublé, & sa Table délicate & bien servie. Il donne souvent à manger aux gens de quelque distinction, qui ne le verroient jamais s'il ne leur donnoit la main. Cette déférence me paroîtroit ridicule, si le Roy son Maître ne l'avoit ainsi réglé du temps de Mr. * d'*Opede*. Car, aprés tout il est choquant que le dernier Enseigne de l'Armée préne la main chez un Ambassadeur, qui la refuse à tout Ministre du second rang Les Gentis-hommes Portugais sont fort honêtes gens, mais ils sont si remplis d'eux mêmes, qu'à peine s'imaginent-ils qu'on puisse trouver au monde de Noblesse plus pure & plus ancienne que la leur. Les Titulaires se font traiter *d'Excellence*, & leur

* *Opede*, autrefois Ambassadeur de France en cette Cour.

leur délicateſſe va juſqu'au point de ne jamais rendre viſite aux perſonnes qui logent dans les Auberges. Il faut eſtre d'une illuſtre naiſſance pour avoir le * *Don*. Car les Charges les plus honnorables neſçauroient donner ce vénérable Tître, puis que le Sécrétaire d'Etat, qui en poſſéde une des plus éclatantes du Royaume, ne le prend pas. Le Roy de Portugal eſt grand, bien fait, & de bonne mine; quoique ſon teint ſoit un peu brun. On dit qu'il eſt auſſi conſtant en ſes réſolutions, qu'en ſes amitiez. Il connôit trés-bien l'eſtat de ſon Royaume. Il eſt ſi libéral, & ſi bien-faiſant qu'il a de la peine à refuſer les graces que ſes Sujets luy demandent. Le Duc de *Cadaval*, qui eſt ſon premier Miniſtre, & ſon Favori, a de puiſſans Ennemis, parce qu'il parôit plus zélé qu'eux au ſeruice de ce Prince, & qu'il eſt un peu François. *Lisbone* ſeroit une des plus belles Villes de l'Europe par ſa ſituation, & par ſes divers aſpects, ſi elle eſtoit moins ſale. Elle eſt ſituée ſur ſept Montagnes, d'où l'on découvre les plus beaux païſages qui ſoient au monde, auſſi bien que la Mer, le fleuve du Tage, & les Forts qui gardent l'entrée de cette Riviére. Cette ville montueuſe incommode extrémement les gens qui ſont obligés d'aller à pied; ſurtout les Voyageurs, dont la curioſité paroît un peu traverſée par la peine de monter & décendre inceſſamment. Car on n'y trouve pas, comme ailleurs, des caroſſes de louage. On y voit de trés-belles & trés-mag-

* *Don*, ce mot ſe raporte parfaitement à celui de *Meſſire*. Et en Eſpagne à celui de *Sire* ou *Sieur*. Dont les Savetiers &c. ſe qualifient.

Pag. 118.

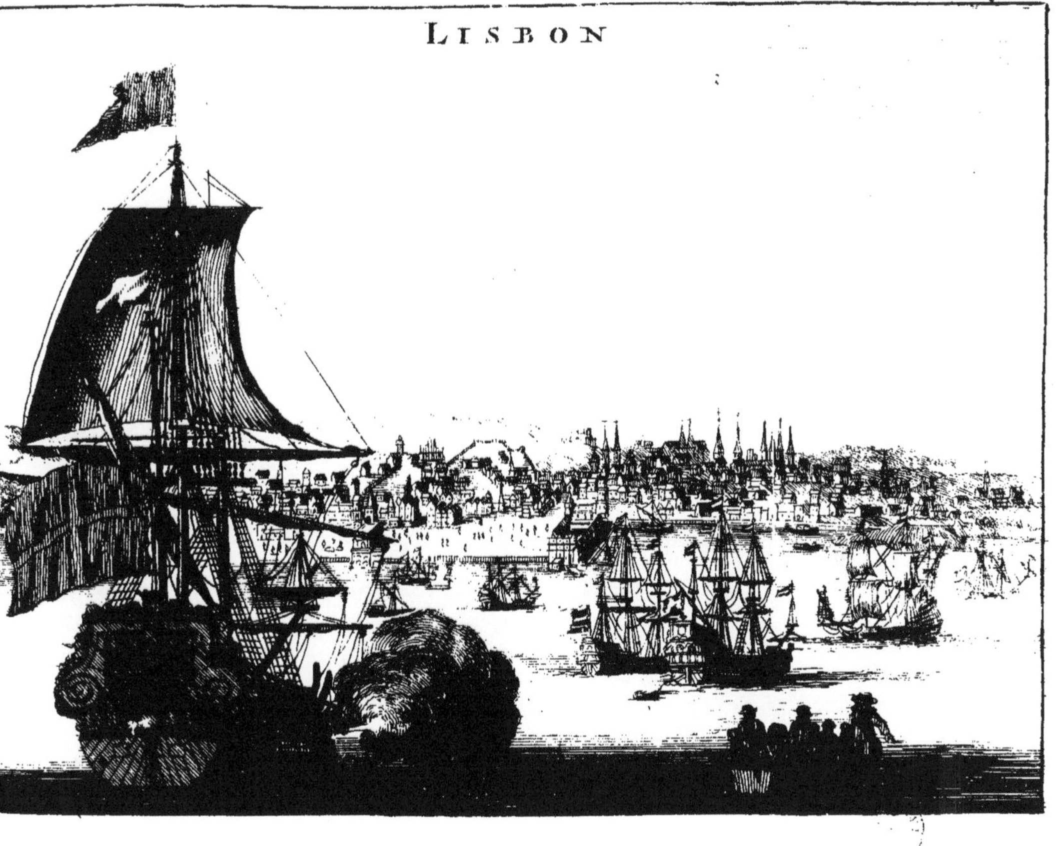

magnifiques Eglises. Les plus considérables sont la *Ceu*, nôtre Dame de *Loreto*, *san Vicente*, san *Roch*, *san Pable*, & *santo Domingo*. Le Monastére des Bénédictins de *san Bento* est un des plus beaux & des mieux rantés ; il eut le malheur de soufrir un incendie qui consuma, le mois passé, une partie de ce bel Edifice, d'où je vis sortir plus de vaisselle d'argent que six mulets n'auroient pû porter. Le Palais du Roy seroit un des plus superbes de l'Europe s'il étoit achevé ; mais il en coûteroit du moins deux millions d'écus pour mettre cet Ouvrage dans sa perfection. La demeure ordinaire des Etrangers, est vers le *Remolar*, & dans les Maisons de la Façade-Du Tage. Je connois plusieurs Marchans François Catholiques & Protestans, qui font un commerce considérable dans ce Païs-là. Les premiers y sont sous la protection de France, & les seconds sous celle d'Angleterre ou de Hollande. On y peut compter aussi prés de cinquante Maisons Angloises, autant de Hollandoises, & quelques autres Etrangers, qui s'enrichissent en trés-peu de temps, par le grand trafic des Marchandises de leur Païs. Les **Baetas* d'Angleterre, qui sont de petites étoses legéres s'y débitent avantageusement. Les toiles de France, les étofes de soye de Tours & de Lion, les rubans, les dentelles, & la quinquaillerie raportent de gros profits. Par les retours de sucre, de tabac, d'indigo, de cacao, &c. †*L'Alfandiga* du sucre & du tabac est un des meilleurs revenus du Roy. Aussi bien que celle des soyeries, des toiles &

* Etofes de Colchester.

† Doüane.

& des draperies, qu'on est obligé d'y transporter en sortant des Vaisseaux, pour y estre plombées, moyennant certain tribut, proportioné à la valeur & à la qualité de ces effets. La *Merlusse* ou Morue séche, paye environ trente pour cent. Ce qui fait qu'on n'y gagne presque rien ; si ce n'est en la * primeure. Le tabac en poudre & en corde, qui sont en parti, comme je vous l'ay dit, se vendent en détail au même prix qu'en France : Car le premier se vend deux écus la livre, & le second cinquante sols, ou environ. On fraude aisément les droits de ces Doüanes, lorsqu'on est d'intelligence avec les Gardes, qui sont des fripons fléxibles au son d'une pistole. Il n'entre ni male ni valize dans la Ville, qui ne soient visitées par ces bonnes gens. Les galons, franges, brocars, & rubans d'or ou d'argent, sont confisquez comme marchandise de contrebande ; n'étant permis à qui que ce soit d'employer de l'or ni de l'argent filez en ses Habits, non plus qu'en ses meubles. Les livres, de quelque langue qu'ils soient, entrent aussi-tôt à l'Inquisition, pour y être examinez, & même brûlez, quand ils ont le malheur de déplaire aux Inquisiteurs. Ce Tribunal, dont un Médecin François nous a fait une description passionée, par la triste expérience des maux qu'il a soufferts dans les Prisons de *Goa* ; ce Tribunal, dis-je, qui jette plus de feux & de flammes que le *Mont-Gibel*, est si ardent, que pour peu que cette lettre en aprochât, elle courroit au-

* C'est à dire dans le temps que les premiers Vaisseaux de Terre Neuve arrivent à Lisbone.

autant de risque de brûler que celuy qui l'écrit. Ce n'est donc pas sans raison que je prens la liberté de garder le silence; d'autant plus que les Titulaires du Royaume qui sont presque tous * *Familiers* de ce saint Office, n'ozeroient eux-mêmes en parler. Il y a quelques jours qu'un sage Portugais m'informant des mœurs & des maniéres des Peuples *d'Angola* & du *Brezil*, où il avoit été plusieurs années, se faisoit un plaisir d'écouter à son tour le récit que je luy faisois des Sauvages de *Canada*; mais lorsque j'en vins à la grillade des prisonniers de guerre qui tomboient entre les mains des *Iroquois*, il s'écria d'un ton furieux, que les *Iroquois* de Portugal étoient bien plus cruels que ceux de l'Amérique; puisqu'ils brûloient, sans misericorde, leurs parens, & leurs amis, au lieu que les derniers ne faisoient endurer ce suplice qu'aux cruels ennemis de leur Nation. Les Portugais avoient autrefois une telle vénération pour les Moines, qu'ils se faisoient un scrupule d'entrer dans la Chambre de leurs Epouses, pendant que ces bons Péres les exhortoient à toute autre chose qu'à la pénitence. Mais il paroît aujourd'hui que cette liberté ne subsiste plus. Il faut avoüer aussi que la plûpart ménent une vie si déréglée qu'ils m'ont scandalizé cent fois par leurs débauchés extraordinaires. Ils se servent des permissions du Nonce du Pape pour exercer toute sorte de libertinage. Car ce Ministre Papal, dont le pouvoir est sans bornes envers les Ecclesiastiques, leur permet, au refus de leurs

F Supé-

* Chevaliers craintifs.

Supérieurs, de porter le chapeau dans la Ville; (c'eſt à dire d'aller ſans compagnon) de coucher hors du Couvent, & même de faire quelque ſéjour à la Campagne ou ailleurs. Ils ſeroient, peut-être, plus ſages, & leur nombre plus petit, ſi on ne les obligeoit pas de faire leurs derniers voeux à l'âge de quatorze ans; auſſi bien que les Réligieuſes. La plûpart des Carroſſes de Portugal ſont des Carroſſes coupés, qu'on y porte de France. Il n'y a que ceux du Roy & des Ambaſſadeurs qui puiſſent eſtre atelés avec ſix Chevaux ou ſix Mules. Les autres perſonnes, de quelque Nation ou diſtinction qu'elles ſoient, n'en ont que quatre dans la Ville; mais ils en peuvent mettre cent lorſqu'ils ſont hors de l'enceinte. Il n'y a que les jeunes gens qui aillent ordinairement en Carroſſe, Car les Dames & les Vieillards ſe ſervent de litiéres. Ces deux Voitures ne ſont permiſes qu'aux Nobles, aux Envoyez, aux Réſidens, aux Conſuls, & aux Ecléſiaſtiques. Ce qui fait que les plus riches Bourgeois & Marchands ſe contentent d'une eſpéce de caléche à deux roües, tirée par un Cheval qu'ils conduiſent eux-mêmes. Les Mulets, qui portent les litiéres, ſont plus grands, plus fins, & moins chargés d'encoleure que ceux *d'Auvergne*. Le couple vaut ordinairement huit cens Ecus; & même il y en a qui ſe vendent juſqu'à douze cens; ſur tout ceux qu'on choiſit dans la Province du fameux *Don Guichot*, qui parôit aſſez éloignée de *Lisbonne*. Les Mules qui tirent le Carroſſe viennent de *l'Eſtramadure*, & le couple vaut cent piſtoles, ou environ. C[illegible] dont on ſe ſert pour

pour la selle, ainsi que les Mulets de charge, & les Chevaux d'Espagne, sont de cent pour cent plus chers qu'en Castille. Les jeunes Cavaliers se proménent à cheval dans la Ville, quand il fait beau temps, exprés pour se faire admirer des Dames, qui, comme les Oiseaux de cage n'ont que la seule liberté de regarder par les trous des * *Jalousies*, les gens qu'elles souhaiteroient attirer dans leur prison. Les Moines rantés ne font presque point de visite à pied : car leur Couvent entretient une certaine quantité de Mulets de selle, dont ils se servent alternativement. Il n'est rien de si plaisant que de voir caracoler ces bons Peres dans les rues avec de grands Chapeaux en pain de sucre, & des lunétes qui leur couvrent les trois quarts du visage. Quoique cette ville soit trés grande, & trés marchande, il n'y a cependant que deux bonnes Auberges Françoises où l'on mange assez proprement, à trente & cinq sols par repas. Je ne doute pas que le nombre n'augmentât si les Portugais vouloient donner dans le plaisir de la bonne chére; alors ils ne mépriseroient pas, comme ils font, ceux qui la recherchent avec empressement. Ils ne se contentent pas d'avoir en horreur les mets d'un Traiteur, le nom de Cabaret leur est encore si odieux, qu'ils ne rendent jamais de visite aux gens qui campent dans cette Habitation charmante ; sur ce pied-là, Monsieur, vous pouvez conseiller à vos Amis qui seront curieux de voyager en Portugal, & qui voudront faire quelque séjour dans cette Ville, de

* Fenestres à treillis, de l'ouverture du petit doigt.

de se mettre en pension chez quelque Marchand François. On peut faire ici trés-bonne chére un peu chérement. La volaille *Dalemtejo*, les liévres, les perdrix de *St. Ubal* & la viande de boucherie des *Algarves* sont d'un goût merveilleux. Les jambons de *Lamego* sont plus exquis que ceux de *Mayence* & de *Bayone*; cependant cette viande est tellement indigeste pour l'estomac des Portugais, que sans la consomption qui s'en fait chez les Moines, & chez quelques Inquisiteurs, on ne verroit guére de Cochons en Portugal. Les vins ont du corps & de la force, sur tout les rouges, dont la couleur va jusqu'au noir. Ceux *d'Alegréte* & de *Barra* à *Burra* sont les plus délicats & les moins couverts. Le Roy n'en boit jamais; les gens de qualité n'en boivent presque point, non plus que les Femmes. La raison de ceci est que *Venus* a tant de pouvoir en Portugal, qu'elle a toûjours empêché, par la force de ses charmes, que *Bacchus* prît terre en ce pais-là. Cette Déesse y cause tant d'idolatrie, qu'elle semble disputer au vray Dieu le culte & l'adoration des Portugais, jusques dans les lieux les plus sacrez. Car c'est ordinairement aux Temples & aux processions que les engagemens se font, & que les rendez-vous se donnent. Ce sont les postes * des *Bandarros*, des Courtisanes & d'autres Femmes d'intrigue secréte, qui ne manquent jamais de courir aux Fêtes qu'on célébre,

* Ce sont des fanfarons du génie de Don Guichot, qui ne font autre métier que de chercher des avantures.

lébre, au moins trois ou quatre fois la semaine, tantôt dans un Eglise & tantôt dans l'autre. Ces Avanturiers ont un talent merveilleux pour faire d'un clein d'œil des déclarations d'amour à ces Donzelles, dont ils recoivent la réponse par le même signal ; ce qui s'appelle *Correſponder*. Il ne s'agit ensuite que de découvrir leur Maison en les suivant pas à pas, jusque chez elles, au sortir de l'Eglise; le fin du tour consiste à pousser jusqu'au Coin de la rue sans s'arrêter, ni sans tourner la tête; dez-que les bonnes Dames sont entrées ches elles, de peur que les Maris ou les Rivaux n'ayent le contrechifre de l'intrigue. C'est au bout de cette rue que la vertu de patience est tellement necessaire aux Avanturiers, qu'ils sont obligez d'attendre deux ou trois heures une servante, qu'il faut suivre jusqu'à ce qu'elle trouve l'ocasion de faire son * *Recado* en toute seureté. Il faut se fier à ces bonnes Confidentes, & même risquer sa vie sur leur parole & sur leur adresse; car elles sont aussi rusées que fidéles à leurs Maîtresses, dont elles reçoivent des présens, aussi bien que des Amans, & quelquefois des Maris. Les Portugaises cachoient autrefois leurs visage avec le † *Manto* & ne montroient qu'un œil, comme les Espagnoles font aujourd'hui : mais depuis qu'on s'est apperçû que les Villes maritimes étoient rem-

* Le message, ou le mot du guet pour le rendez-vous.

† *Manto*, voile de tafetas noir qui cachant absolument la taille & le visage, cachoit en même temps bien des intrigues.

remplies d'enfans aussi blonds qu'en France, & qu'en Angleterre, on a comdamné ces pauvres *Mantos* à ne plus s'aprocher du visage des Dames. Les Portugais ont une si grande horreur pour les armes *d'Actéon*, qu'ils aimeroient mieux se couper les doigts que de prendre du tabac dans une Tabatiere de Corne. Cependant cette marchandise s'introduit icy comme ailleurs, malgré le fer & le poison, qu'on brave incessamment. Il ne se passe guére de mois qu'on n'entende parler de quelque avanture tragique, sur tout à l'arrivée des Flottes *d'Angola* & du *Brezil*. Le sort de la plûpart des gens de Mer qui font ces voyages est si fatal, qu'ils trouvent leurs épouses dans des Monastéres, au lieu de les trouver dans leur Maison. La raison de ceci est, qu'elles aiment beaucoup mieux expier dans ces Prisons, les péchez qu'elles ont commis dans l'absence de leurs Maris, que d'être poignardées à leur retour. Aprez cela, Monsieur, l'on n'a pas eû grand tort de représenter *l'Ocean* avec des Cornes de Taureau. Car, ma foy, presque tous les gens qui s'exposent au risque de ses caprices ont à peu prés la même figure. La galanterie est donc icy trop scabreuse pour s'y attacher; puisqu'il y va de la vie. On y trouve des Courtisanes dont il faut tâcher d'éviter le Commerce. Car outre le danger de rüiner sa Bourse & sa santé, on court celuy de se faire assommer. Les plus Belles sont ordinairement * *Amezadas* par des gens qui les font garder à veue; Cependant, malgré cette

* Amezadas, loüées par mois.

cette précaution, elles se divertissent avec des gens sages aux dépens de ces foux. Ceux-ci sont indispensablement obligez d'entretenir à force de presens l'amour & la fidélité prétendues de ces *Lais*, dont la possession est d'une cherté inconcevable. Les Religieuses reçoivent des visites assez fréquentes de leurs *Devotos*, qui ont plus de passion pour elles que pour les femmes du monde; comme il paroît par les jalouzies, les quérelles, & mille autres désordres que l'amour peut causer entre des Rivaux. Les Parloirs n'avoient autrefois qu'une grille simple, mais depuis que Milord *Grafton* suivi de quelques Capitaines de sa flotte, eut la curiosité de toucher les mains &c. des Réligieuses d'*Odivelas*, le Roy ordonna qu'on mît une double grille aux Parloirs de tous les Couvens du Royaume. Il supprima presque aussitôt le droit des *Devotos* par la défence qu'il fit d'aprocher des Monastéres, sans cause légitime, qu'il est facile de supposer, lorsqu'on est assez fou de soupirer pour ces pauvres filles. Les Portugais ont l'esprit vif, ils pensent hardiment, & leurs expressions égalent assez bien la justesse de leurs idées. Il se trouve chez eux de bons Phisiciens, & bons Casuistes. Le célébre *Camœns* étoit, sans contredit, un des plus illustres Citoyens du Parnasse. La fécondité de ses belles pensées, le choix de ses paroles, & l'air poli & dégagé avec lequel il a parlé, ont charmé tous ceux à qui la Langue Portugaise est assez familiére. Il est vray qu'il a eû le malheur d'avoir été brocardé par *Moreri* & par quelques Auteurs Espagnols, lesquels n'ayant pû s'empêcher d'avoüer qu'il n'est pas permis d'avoir plus d'esprit que ce Poëte infortuné, l'ont traité d'incrédule & de profane. Un Moine Catalan se récrie sur cent endroits de ses *Luziadas Endechas Estrivillas* &c. en le traitant d'impie & d'évaporé. J'en citeray deux icy. Le premier est la chute d'un sonnet intitulé *soneto Näo impresso*, où il dit, aprez quelques réfléxions : *Mais o melhor de tudo e crer en Christo.* C'est à dire *aprez tout le plus seur est de croire en Christ.* Le second est aussi la fin d'une *Gloza* ; le voici. *Si Deus se Busca no mundo nesses olhos se achara.* Cela veut dire parlant à une Dame ; *si l'on cherche Dieu dans le monde, on le trouvera dans vos yeux.* Les Prédicateurs Portugais élévent leurs Saints presque au dessus de Dieu, & pour leur faire valoir leurs soufrances, ils les logent plûtôt aux Ecuries qu'en Paradis. Ils finissent leurs sermons par des exclamations & des cris si touchans, que les Femmes pleurent & soupirent comme de pauvres désespérées. On tient icy le mot d'Hérétique pour un Tître fort infamant ; la signification en est même trés odieuse. Les Prêtres & les Moines ont autant d'horreur pour *Calvin*, à cause de la Confession retranchée, que les Religieuses ont d'estime pour *Luther*; à cause de son mariage monasterizé ; On a fait icy des processions tous les Vendredis du Carême d'un bout de la ville à l'autre. J'ay vû plus de cent Disciplinans vêtus de blanc, lesquels ayant le visage couvert & le dos nû, se fouétoient de ſi bonne grace que le ſang rejailliſſoit ſur le viſage des Femmes, qui étoient aſſiſes le long des Rues, exprez pour chanter poüille aux moins enſanglantés. Ils étoient ſuivis d'autres Maſques portant des Croix, des Chaî-nes, & des faiſſeaux d'Epées d'une peſanteur incroyable. Les Etrangers ſont preſque auſſi jaloux que les Portugais. Ce qui fait que leurs Femmes craignent de ſe montrer aux meilleurs amis de leurs Epoux. Ils affectent de ſuivre la ſévérité Portugaiſe avec tant d'exactitude, que ces Captives n'ozeroient le-ver les yeux. Cela n'empêche pas que le malheur, dont ils tâchent de ſe préſerver, ne leur arrive ſouvent, malgré leurs précau-tions. On voit icy des gens de toutes ſortes de couleurs, des noirs, des mulâtres, des bazanez, des olivâtres. Mais la plûpart ſont *Triquenhos* c'eſt à dire de la couleur de bled. Ce mêlange de teints différens fait voir que le ſang eſt ſi mêlé dans ce Royaume, que les véritables blancs y ſont en trés-petit nom-bre. Ce qui fait qu'on ne ſçauroit plus no-blement exprimer, *Je ſuis homme ou femme d'honeur*, qu'en ces termes, *eu ſon Branco* ou *Branca* qui ſignifie, *je ſuis blanc* ou *blanche*. On peut marcher dans la ville nuit & jour, ſans craindre les filoux. On trouve, juſqu'à trois ou quatre heures aprés minuit, des joueurs de Guitarre, qui joignent à la dou-ceur de cet Inſtrument des airs auſſi lugu-bres que le *de Profundis*; Les danſes du menu Peuple ſont indécentes par les geſtes impertinens de la teſte & du ventre. La Muſique inſtrumentale des Portugais choque d'ad'abord l'oreille des Etrangers, mais au fond elle a quelque chose d'agreable. & qui plaît lors qu'on y est un peu acoutumé. Il n'en est pas de même de leur Musique vocale, car elle est si rude, & ses dissonances sont si mal suivies que le chant des Corneilles est plus mélodieux. Tous les motets qu'ils chantent dans les Eglises, sont en langue Castillane ; aussi bien que leurs Pastorales, & la plûpart de leurs Chansons. Ils tâchent d'imiter les maniéres des Espagnols, autant qu'il leur est possible ; même jusqu'au Cérémoniel de leur Cour, auquel on se conforme si ponctuelement, que les Ministres seroient au désespoir d'en retrancher les moindres formalitez. l'Habit de Cérémonie du Roy & des Seigneurs est semblable à celui de nos Financiers, étant composé d'un just-au-corps noir, acompagné d'un Manteau de même couleur, d'un grand colet ou rabat de point de Venise, d'une perruque longue avec l'épée & la dague. On donne aux Ambassadeurs le Titre *d'Excellencia*, & aux Envoyez & Residens celui de *Senhoria*. Le port de Lisbone est grand, seur & commode, quoique l'entrée en soit extrémement difficile ; les vaisseaux moüillent dans le Tage entre la Ville & le Château *d'Almada* à 18. brasses d'eau sur un fond de bonne tenue. Cette Riviére, que les Portugais appellent, *O Rey dos riôs* c'est à dire le Roy des Riviéres, a prez d'une lieüe de largeur dans cet endroit là ; où la marée monte ordinairement 12. pieds à pic, & plus de dix lieües en avant vers sa source. Il est expressement deffendu à tous Capitaines de Vaisseaux de guerre & Marchans, étrangers ou de la Nation

tion de saluer la ville au bruit du Canon, ni même d'en tirer un seul coup sous quelque prétexte que ce puisse être. Les Consulats de France, d'Angleterre & de Hollande rendent cinq ou six mille livres de rante aux Consuls de ces trois Nations, qui trouvent outre cela le moyen d'en gagner autant par le commerce qu'ils font. Voilà, Monsieur, tout ce que je puis vous aprendre aujourd'hui de ce beau païs qui seroit, à mon avis, un Paradis terrestre, s'il estoit habité par des Païsans moins gentishommes que ceux-ci. Le Climat est charmant & merveilleux, le ciel clair & serain, les eaux merveilleuses, & l'hiver si doux que je ne me suis pas encore aperçû du froid. Les gens y vivent des siécles entiers sans que le faix des années les incommode. Les Vieillards n'y sont point acablez d'infirmitez, comme ailleurs, l'appetit ne leur manque point, & leur sang n'est pas si destitué d'esprits, qu'ils ne puissent donner quelque fois à leurs Epouses des marques d'une santé parfaite. Les fiévres chaudes font du ravage en Portugal, & les maux vénériens y régnent avec tant d'humanité que personne ne cherche à s'en deffaire. Le mal de * *Naples*, qu'on dit être le plus en vogue, tourmente si peu les gens qui le conservent, que les Médecins mêmes qui l'ont se font scrupule de le chasser, parce qu'il s'obstine à revenir toûjours à la charge. Les Officiers de justice ont un air de fierté & d'arrogance insuportables, se voyant authorisez d'un Roy tres sévére Observateur des Loix. C'est

 ce

* C'est à dire le gros mal; ou bien *le mal de qui l'a.*

ce qui les encourage à chercher noise au peuple, dont ils reçoivent assez souvent de cruelles aubades. Il y a quelque temps que le Comte *De Prado*, gendre de Mr. le Maréchal de Villeroy, prit la peine d'envoyer à l'autre monde un insolent * *Corrigidor*, qui se seroit bien passé de faire ce voyage. Ce Gentilhomme, qui étoit en carosse avec son Cousin, rencontra prez d'un coin de rüe cet Officier de Justice, monté comme un St. George, & par malheur si fier de son Employ qu'il ne daigna pas rendre le salut à ces deux Cavaliers. Je vous ay déja dit que les Seigneurs Portugais sont les gens du monde les plus vains; sur ce pied vous ne serez pas surpris que ceux-ci soient décendus de Carrosse & qu'ensuite le Comte *De Prado* ait fait faire au *Corrigidor* le sault de la vie à la mort, dés qu'il eût sauté de son cheval à terre. Un François diroit que le mépris ou l'inadvertance de cet Intendant ne méritoit pas un traitement si rude: mais les Titulaires Portugais, lesquels se couvrent devant le Roi, n'en conviendront pas; quoiqu'il en soit, ils se sauvérent chez Mr. Sablée *d'Etrées*, qui les fit passer en France dans une Frégate de *Brest*. Au reste, Voicy l'état des Forces du Roy de Portugal; 18. mille hommes d'Infanterie, 8. mille de Cavalerie, & 22. Vaisseaux de guerre, sçavoir,

4. Vaisseaux depuis 60. Canons jusqu'à 70.
6. Vaisseaux depuis 50. Canons jusqu'à 60.
6. Vaisseaux depuis 40. Canons jusqu'à 50.
6. Fregates depuis 30. Canons jusqu'à 40.

Vous

* C'est à dire, Intendant ou Juge de Police.

Vous remarquerez que ces Bâtimens sont un peu legers de bois, d'une bonne construction, & d'un beau gabarit étant raz pinces & de façons bien evidées. Les Arsenaux de Marine sont en mauvais ordre, & les bons Matelots sont aussi rares en Portugal, que les bons Officiers de Mer, parce qu'on n'a pas eû le soin de former des Classes de Mariniers, d'établir des Ecoles d'ydrographie, & de pourvoir à mille autres choses nécessaires, qui seroient de trop longue discussion. On accuse les Portugais d'être un peu lents à manœuvrer; & d'être moins braves par mer que par terre.

Les Capitaines de Vaisseaux ont en général 22. *patacas* par mois, & leur table payée lors qu'ils sont en mer, avec quelques profits.

Les Lieutenans ont 16. *Patacas* par mois.
Les Enseignes ont 10. *Patacas* par mois.
Les bons Matelots ont 4. *Patacas* par mois.

Les Capitaines d'Infanterie ont de solde & de revenant bon en paix comme en guerre, environ 25 *Patacas* par mois.

Les Alufieres, qui sont des espéces de Lieutenans, 8 *Patacas*.

Les Soldats environ 3. Sous de nôtre monnoye par jour.

Les Capitaines de Cavalerie ont de solde & de revenant bon en temps de Paix environ 100. *Patacas* par mois.

Les Lieutenans ont à peu prés 30. *Patacas* par mois.

Les Marêchaux de Logis prés de 15. *Patacas* par mois.

Les Cavaliers ont le fourrage & 4. Sous par jour.

A l'égard des Officiers Généraux de Terre & de Mer, on auroit de la peine à sçavoir au juste à combien leurs apointemens ont açoutumé de monter. Car le Roy donne des pensions aux uns, & des Commanderies aux autres, ainsi qu'il le juge à propos Les Colonels, les Lieutenants Colonels, & les Majors d'Infanterie, les Mestres de Camp de Cavalerie, & les Commissaires, n'ont point aussi de paye fixe. Les uns ont plus, les autres moins; cela dépend des quartiers où sont leurs Troupes, & de la quantité de leurs Soldats ou Cavaliers. Ces troupes sont mal disciplinées les Habits des Cavaliers & des Fantassins ne sont point uniformes; les uns sont vestus de gris, de rouge, de noir; les autres de bleu, de vert &c. leurs armes sont bonnes & les Officiers ne se soucient guére qu'elles soient luisantes, pourveu qu'elles soint en bon état; quoiqu'il en soit, on auroit de la peine à croire que ces Troupes firent des merveilles contre les Espagnols pendant les derniéres guerres: il falloit apparemment qu'elles fussent mieux réglées en ce temps-là qu'elles ne sont aujourd'huy, & que l'usage des guitarres les occupât moins qu'il ne fait à present. Voici en quoy consistent les Monoyes du Païs.

La Piastre d'Espagne ou Piéce de Huit, que les Portugais appellent *Pataca*, vaut comme l'écu de France. 750. Reis.

Les

Les demi & les quarts valent à proportion.

Un Reis est un denier; comme je l'ay déja dit.

Un Vintain qui est la plus petite monnoye d'argent vaut. 20. Reis.

Un Teston vaut. 5. Vintains.

Le demi Teston à proportion.

Une Cruzada vieille vaut 4. Testons & 4 Vintains.

Une Cruzada nouvelle vaut 4 Testons.

La Mœda d'Ouro, qui est une Piéce d'or vaut 6 Patacas, & 3 Testons

Les demi-Mœdas & les quarts valent à proportion.

Les Loüis d'or vieux ou neufs valent également 4. Piastres, moins 2. Testons.

Les demi & les quarts à proportion.

Les Pistoles d'Espagne de poids valent aussi 4. Piastres, moins 2. Testons.

Surquoy il y a du profit à tirer en les envoyant en Espagne, où elles valent justement quatre Piastres.

L'Efigie du Roy de Portugal ne paroît sur aucune de ces Monnoyes, & l'on ne fait point icy de diférence entre les Piastres de *Feüille*, du *Mexique* & du *Perou*, comme on fait ailleurs.

Au reste, vous remarquerez qu'aucune Monnoye de France n'a cours icy, si ce n'est les Ecus, les demi, & les quarts.

Les 128 ℔ de Portugal, pésent un quintal de Paris, composé de 100 ℔ .... Le *Cabido* est un mesure qui excedant la demi aulne de *Paris* de 3. pouces & 1 ligne a justement 2. pieds de France 1 pouce & 1 Ligne. La *Bara* est une autre mesure; il en faut

faut six pour faire dix *Cabidos*. La lieüe de Portugal est composée de 4200. pas géometriques de cinq pieds chacun. Je ne vous parleray point des intérêts du Roy de Portugal, puisque je ne veux point entrer dans les affaires de la Politique. D'ailleurs, je vous ay dit que je ne prétendois vous écrire autre chose si ce n'est des Bagatelles qu'on ne s'est jamais avisé de faire imprimer. Sans cela, je vous enverrois un détail des diférens Tribunaux ou Siéges de Justice, & quelques échantillons des Loix de ce Royaume. Je vous aprendrois que ce Parlement & cet Archêvêché sont un des plus beaux Ornemens de cette Capitale; que les Bénéfices Ecléfiastiques sont d'un grand revenu; qu'il n'y a point d'Abayes Commendataires; que les Réligieux ne sont pas si bien rantez qu'on s'imagine, & qu'ils ne font pas trop bonne chere. Je vous dirois encore que l'Ordre du Roy s'appelle *l'Habito de Christo*, si Madame *de Launoy* ne vous l'avoit apris en racontant son admirable institution. Je me contenteray d'ajoûter seulement que le nombre des Chevaliers de cet Ordre surpasse extrémement celuy de ses Commanderies, lesquelles sont de trés-peu d'importance. Je me borne à present aux faits que cette Lettre contient. Peut-être pourrai-je revenir encore une fois dans cette Ville Royale, d'où je compte de partir incessamment, pour aller vers les Royaumes du Nord; en attendant qu'il plaise à Monsieur de *Pontchartrain* d'aller en Paradis, ou de rendre justice à celuy qui vous sera toûjours plus qu'à luy, Trés humble &c.

A Lisbone ce 10. Avril 1694.

Mon-

MONSIEUR,

JE partis de Lisbone le 14. d'Avril, aprez avoir fait marché avec un Capitaine de Vaiſſeau Portugais, qui s'engagea de me porter à Amſterdam, pour trente Piaſtres. J'eus en même temps la précaution de me pourvoir d'un Paſſeport du Réſident de Hollande, afin qu'on ne m'arrêtât pas en paſſant dans ce païs-là. Je décendis enſuite en bâteau juſqu'au lieu nommé *Belin*, qui n'eſt éloigné de Lisbonne que de deux lieües ſeulement. C'eſt dans ce petit Bourg que tous les Vaiſſeaux Marchans qui vont & qui viennent, ſont obligez de * raiſonner au grand Bureau, d'y porter leurs Factures, & leurs Connoiſſemens afin de payer les droits de leurs Cargaiſons. Le 16. nous ſortîmes de la Riviére du Tage, en ſuivant le ſcillage d'une Flotte de la Mer Baltique éſcortée par un *Lubekois* nommé *Creuger* anobli par le Roy de Suéde, quoiques matelot d'origine, & qui montoit alors un Vaiſſeau de guerre Suédois de 60. Canons. Nous paſſâmes la barre par le grand *Chenail*, appellée la grande † *Paſſe*, ſituée entre le fort de *Bougio* & les *Cachopas* qui eſt un grand Banc de ſables & de roches de trois quarts de lieües de longueur, & d'une demie de largeur; ſur lequel il eſt dangéreux d'être porté par les marées, lors qu'il fait calme. Vous remarquerez que nous aurions

* C'eſt à dire de montrer leurs Paſſeports, & leurs Connoiſſemens.

† Paſſe c'eſt un Chenail ou paſſage entre deux Bancs ou deux Iles, &c.

rions pû passer entre ce même Banc & le Fort saint Julien, situé du côté du Nord ou de Lisbone, vis à vis de celui de *Bougio*, si nous eussions eû des Pilotes du lieu ; mais comme nôtre Capitaine Portugais suivoit la Flotte dont je vous parle, il étoit inutile de chercher cette derniere route. Nous ne fûmes pas plûtôt au large en pleine mer, au milieu de cette Flotte du Nord, que le brutal Commandant qui la convoyoit, arrivant sur nous à pleines voiles envoya un coup de Canon à boulet à l'avant de nôtre Vaisseau, & qu'il détacha son Lieutenant pour signifier à nôtre pauvre Patron qu'il eût à payer sans cesse deux Pistoles pour la canonade, & à s'éloigner aussitôt de sa Flotte, à moins qu'il ne voulût payer cent Piastres pour le droit d'escorte ; ce qu'il refusa de trés bonne grace. Laissons cette affaire à part, afin de vous dire que la barre de Lisbonne est inaccessible pendant que les gros coups de vent d'Ouest & de Sud-Ouest souflent avec impétuosité : Ce qui n'arrive ordinairement qu'en hyver. Ajoûtons à cela que les vents de *Nord* & de *Nord-Est* y régnent huit mois de l'année, avec assez de modération. Ce qui fut cause que nôtre navigation, depuis l'embouchûre du *Tage*, jusqu'au Cap de Finisterre, fut plus longue que celle qu'on fait le plus souvent de l'Ile de Terre-Neuve en France. Je n'ay jamais vû de vens plus obstinez que ceux-là. Cependant nous en fûmes quittes pour lauvoyer le long des Côtes, dont nos Portugais n'ozérent s'éloigner à cause des *Salteins* qu'ils craignent plus que l'enl'enfer. Enfin, nous gagnâmes le Cap de *Finistere* aprés 18. ou 20 jours de Navigation. Ensuite, les vents s'étant rangez au Sud-Ouest, nous en profitâmas si bien qu'au bout de 10. ou douze jours nous reconûmes l'Ile de *Garnezei*; Il est vray que sans le Pilote François qui conduisoit le Navire, nous eussions donné plusieurs fois aux Côtes de la * *Manche*. Car il faut que vous sachiez que les Portugais ne connoissent point ces Terres, par le peu d'habitude qu'ils ont dans les Mers du Nord. Ce qui fait qu'ils sont obligez de se munir en Portugal de Pilotes étrangers, lorsqu'ils s'agit d'aller en Angleterre ou en Hollande. Le jour que nous découvrîmes cette Ile, deux gros Vaisseaux Anglois chassant sur nous à pleines Voiles, gagnérent nôtre bord en trois ou quatre heures. L'un étoit de guerre du port de 60. Canons, & l'autre un Capre de 40. piéces, dont le Capitaine nommé *Couper*, avoit aussi les inclinations naturelles de couper les bourses; comme vous verrez. Ils ne furent pas plûtôt à bord de nôtre Vaisseau, qu'il falut amener & mettre la Chaloupe à l'eau; ce qui fit que je m'embarquay pour porter au Commandant, apellé Mr. *Tonzein*, le passeport du Résident de Hollande, que je pris à Lisbonne. Celui-ci me fit toutes les honêtetez possibles, jusque-là qu'il me jura que toutes mes hardes seroient à labri de la rapine du dit Couper, qui, selon les principes des gens de son métier, prétendoit me piller, avec aussi peu de scrupule que

* Ou Canal Britannique.

que de miséricorde. Cependant, la visite de nôtre Vaisseau ne pouvant se faire qu'à la rade de *Garnezei*, on l'y conduisit le même jour ; & dez-que nous eûmes tous moüillé l'ancre, les deux Capitaines Anglois descendant à terre envoyérent des Visiteurs à nôtre Bord, pour tâcher d'avérer si les vins & les eaux de vie de nôtre cargaison étoient du cru de France, ou pour le compte des François ; ce qu'il fut impossible de prouver, aprez quinze jours de recherche & de perquisitions, comme je l'apris hier à Lubec. Il est question de vous dire que ce fâcheux contretemps me fit résoudre à m'embarquer cinq ou six jours aprez dans une Frégate Zélandoise, de * Zériczée, aprez avoir fait présent au Capitaine *Tanzein* de quelques Barrils de vin *d'Allegréte*, d'une Caisse d'oranges, & de quelque vaisselle cizelée † *d'estremos*, en reconnoissance de sa bonne chére & du bon traitement qu'il daigna me faire à son Bord, comme à terre. Ce second embarquement me fut plus favorable que le premier ; car j'arrivay le 3. jour de navigation à Zériczée, d'où je m'embarquay dans une *Semaque* de passage qui me porta jusqu'à *Roterdam* entre les Iles, à la faveur du vent & des marées. Cette derniére Ville est grande, belle, & trés marchande ; j'eus le plaisir de voir en deux jours le Collége de la *Meuse*, les Arsenaux

* Ville des Zélandois.

† Ville presque frontiére de Portugal à l'Estramadure.

naux de Marine, & la grande Tour que l'induſtrie d'un Charpentier ſceut remétre dans ſon aſſiéte perpendiculaire, dans le temps que la pente de cet Edifice monſtrueux faiſoit craindre qu'il ne tombât ſur la ville. Je vis auſſi la Maiſon du fameux *Eraſme*. aprez avoir conſidéré la beauté du Port, ou de la *Meuſe*, dont l'entrée eſt tout à fait dangéreuſe, à cauſe de quelques bancs de ſable qui s'étendent aſſez loin dans la pleine mer. Au reſte, le Commerce de *Roterdam* eſt trés-conſidérable, & les Marchans ont la facilité de faire venir leurs Vaiſſeaux aux portes de leurs Magazins par la commodité des Canaux, dont cette grande Ville eſt entrecoupée. Deux jours aprez à cinq heures du matin, je me ſervis d'une eſpéce de Coche d'eau pour aller *Amſterdam*. C'eſt un Bateau couvert à varangue platte, long & large, dans lequel il régne un banc de chaque coſté de proue à poupe ; un cheval eſt ſuffiſant pour tirer cette Voiture, avec laquelle on fait une lieüe par heure, moyennant 3. ſols & demi de nôtre monnoye par lieüe. Ils partent à toute heure pleins ou vuides, pour toutes les principales Villes de Hollande; mais il faut ſouvent traverſer des villes pour changer de voiture. Je traverſai celles de *Delft*, de *Leide*, & de *Harlem* qui me parurent grandes, belles & propres, enſuite j'arrivay à *Amſterdam* ſur le ſoir, aprez avoir navigué douze lieües ſur des Canaux bordés de bois, de prairies, de jardins, & de Maiſons d'une beauté ſinguliere. Dez-que je fus fûs à l'Auberge, mon Hôte me donna un Conducteur, qui me fit voir en sept ou huit jours tout ce qu'il y a de plus curieux dans cette florissante Ville ; quoique je l'eusse pû faire en trois ou quatre jours, s'il eût été possible de trouver des Carrosses de louage, comme à Paris, ou ailleurs. Elle est belle, grande, & nette. La plûpart des Canaux sont bordés de trés-jolies Maisons, il est vray que l'eau croupissant dans ces grands Reservoirs, sent mauvais au temps des grandes Chaleurs. Les Maisons sont presque uniformes, & les Rues tirées au cordeau. *l'Hôtel de Ville* est bâti sur des Pilotis, quoique cette masse de pierre soit extrémement pesante. Elle est enrichie de plusieurs belles piéces de Sculpture & de Peinture, & même ornée de quelques Tapisseries de haut prix. On y voit des pierres de marbre, de jaspe, & de porphire, d'une beauté achevée, mais ce n'est rien en comparaison des écus qui moisissent sous les voûtes de ce monstrueux Edifice. La *Maison de l'Amirauté* est encore une bonne piéce, aussi bien que son Arsenal. Le *Port*, qui n'a guére moins d'un grand quart de lieüe de front, étoit si couvert de navires, qu'on eût pû sauter des uns aux autres assez facilement. Je vis quelques Temples assez curieux, sans compter la *Synagogue* des véritables Juifs, qui y ont l'exercice public de leur vénérable Secte, en considération de son ancienneté. Les Eglises Catholiques, Lutheriénes, &c. y sont tacitement tolérées & l'on y prie Dieu à portes fermées, sans cloches ni carrillons. J'eus le plaisir de voir aussi si les Maisons des Veuves & des Orphelins, & même celles des Scélerats & des Pécheresses qui travaillent sans cesse, pour l'expiation de leurs pécadilles. La *Bourse* est une Piéce d'Architecture assez grande pour contenir 8000 Hommes. Mais, ce que j'ay vû de plus superbe, ce sont dix ou douze Maisons de *Musicos*, ainsi nommées à cause de certains Instrumens de musique pitoyablement animés, au son desquels un tas de Coureuses font donner dans le piége, les gens qui ont le courage de les regarder sans leur cracher au visage. Elles s'attroupent dans ces Serrails, dez-qu'il est nuit. Dans les uns on joüe des Orgues, & dans les autres du Clavessin, ou de quelques autres Instrumens estropiez. On voit dans une grande Chambre de plein pié, ces hideuses Vestales habillées de toutes piéces, & de toutes couleurs, par le secours des Juifs, qui leur loüent des coëfures & des habits, qu'ils ont conservé pour cet usage de pére en fils, depuis la destruction de *Jerusalem*. Tout le monde y est fort bien reçû, moyennant dix ou douze sous qu'il faut payer, en entrant, pour un verre de vin, capable d'empoisonner un Eléphant. On voit entrer un gros Matelot sa pipe à la bouche, ses cheveux gluans de sueur, & sa culote de gouldron colée sur les cuisses; faisant des *S* jusqu'à ce qu'il tombe au pieds de sa Maîtresse. Ensuite il entre un Laquais demi saoul, qui vient chanter, danser & boire de l'eau de vie pour se desenyurer. Celui-ci est suivi d'un soldat qui tempête & fulmine à faire trembler ce Palais; ou d'une Troupe d'Avanturiers, qui portent le manteau

teau sur le nez, pour faire le diable à quatre, & se faire assommer de cinquante Coquins plus brutaux que des Anes. Enfin, Monsieur, c'est un amas de toutes sortes de Vauriens, qui, malgré l'odeur insuportable du tabac & du pied de messager, demeurent dans ce Cloaque jusqu'à deux heures aprés minuit, sans rendre tripes & boyaux. C'est tout ce que j'en sçay pour le présent. Je vis quelques Marchans François Catholiques en passant par cette fameuse Ville, dont les principaux sont les Sieurs de *Moracin* & *Darreche* Bayonois, & gens de mérite & de probité, qui ont aquis déja beaucoup de bien & de réputation. On m'a dit qu'il y avoit aussi un trés-grand nombre de Réfugiez, entre lesquels il s'en trouvoit qui ont établi des Manufactures, où les uns se sont enrichis, & les autres entiérement ruinez. Ceci prouve que le Refuge a été favorable aux uns, & fatal aux autres. En effet, il est constant que tel a porté de l'argent en Hollande, s'y voit misérable aujourd'hui, & tel autre qui n'avoit pas un obole en France, s'est fait Crésus dans cette République. Il me reste à vous dire, qu'il n'est point de Païs au monde, où les bonnes Auberges soient plus chéres qu'en celui-là. On y fait payer le lit & le feu à proportion des repas, dont on paye un demi *Ducaton* qui vaut 41. Sols de France, sur le pied du change présent. De sorte que pour le souper, le dîner, le lit, & le feu du Maître & du Valet, il en coûte au moins 8. florins de nôtre Monnoye. Voicy en quoy consistent celles de Hollande.

Un

Pag 145
LE
DANEMARK
Suivant les dernieres
Relations
Par N de Fer
OCEAN
Pointe de Skau
Scagen
Gouvernement de
Bahus
Bahus
Gottembourg
Maelstrand
Halland
GOTHIE
A LA COURONE DE SUEDE
Isle de Dualgrund
Isle de Tylo
Isle de Rom
Lescon
Categat
Schager
Raax
Entrée Orientale de Golfe d'Alborg
Isle d'Anhout
Detroit ou Passage du Sund
Waersbourg
Falkenbourg
Kalmstat
Engelholm
Fanal
le Coll.
SCHONEN
Elsimbourg
Landskroon
Malmoe
Cronembourg
Orcby
Tolstrup
Alborg
Nesse
Krinabi
Adborg
Diocese de Wiborg
Diocese de Arhusen
Diocese de Ripen
Wiborg
Holstebro
Binkoping
Randersen
Underup
Arhusen
Horsens
Nilstet
Isle de Wedero
Isle Halters
Isle de Samsoe
Grand B
Kalembourg
Keylstrup
Copenhague
Ihstrup
Roschild
Koge
Isle d'Amag
Wand
Weel
Ome
Frideriks ode

MER BALTIQUE
PARTIE D' ALLEMAGNE
MER D'ALLEMAGNE
Ripen
ISLE DE FUNEN
ISLE DE SEELAND
COPENHAGUE
Malmoe
Odensee
Grand Belt
HOLSTEIN
Sleswic
Flensbourg
Gettingen
Ide Femeren
Rostok
Wismar
LUBECK
HAMBOURG
Altena
Pinnemberg
Gluckstad
Krempen
Rensbourg
Kiel
Oldenborg
Ploon
Neustat
Segeberg
Oldeslo
Staden
Carlsbourg
Yeser R
Embouchure de l'Elbe
Meldorp
Lunden
Heide
Tonningen
Fridericstad
Hussem
Isle de Mande
Isle de Francker
Isle de Langeland
Laland
Barde
Damgard
Darser Ohrt
Stegen
Echelle
Dix heures de Chemin

Un *Ducaton* vaut 3. Florins 3. sous. Un Ecu blanc 50. Sous une Livre 20. Sols. Un Scalin 6 Sols. 1 Sol 16. Deniers.

Voici quelques mesures de Hollande.
La lieüe a prez de 3800. pas Géométriques.
L'aune est d'un pied 10. pouces, & 2. lignes de France.
La ℔ est égale à celle de Paris.
La pinte est égale à la Chopine de Paris.
C'est tout ce que je puis vous dire de ce Pais-là.

Quand je partis d'*Amsterdam* pour aller à *Hanbourg*, je pris la voye la plus douce, & la moins chére, qui est celle de l'eau. J'avois résolu d'arrêter une place dans le Chariot de Poste; mais on m'en détourna d'abord, à cause des risques que j'aurois courû d'étre arrêté sur les Terres de quelques Princes d'Allemagne, où l'on est obligé de montrer ses Passeports, ce conseil épargna ma bourse, & ma personne. Car il m'en eût coûté quarante écus par cette voiture, pour maître & valet; au lieu que j'en fus quitte pour 5. dans le *Boyer* où je m'embarquai : Il en part deux toutes les semaines pour Hambourg expressément, pour y porter des Passagers, qui peuvent louer de petites Cahutes ménagées dans ce Bâtiment, pour la commodité des gens qui veûlent être en particulier. Ces *Boyers* seroient tout-à-fait propres à naviguer dans le Fleuve S^t^. *Laurent* par la côte du Sud, depuis son Embouchûre jusqu'à *Quebec*, & sur tout de *Quebec* jusqu'à *Monreal*. Ils seroient

meil-

meilleurs que nos Barques pour cette navigation, par cinq ou six raisons, que je vous expliquerai. Premiérement, ils callent la moitié moins que nos Barques de même port; ils presentent à 4 quarts de vent; on les navigue à peu de frais, c'est à dire avec moins *d'Agrez* & *Apparaux*, & de matelots que nos Barques. Ils peuvent * *Virer de bord* d'un clein d'œil; au lieu qu'il faut cinq ou six minutes à nos Barques pour cette maneuvre. Ce qui fait qu'elles donnent quelquefois à la côte en † resusant. Ils peuvent toucher sur le sable & sur le gravier sans risque, estant construits à Varangue demi platte; pendant que nos Barques qui sont pincées & de façons évidées ne sçauroient échouer sous voiles sans se brizer. Voilà Montes les avantages que ces Bâtimens ont sur les nôtres, ainsi vous pouvez hardiment écrire aux Marchans de la Rochelle qui font le Commerce de Canada, que ces Boyers leur seroient d'une trés grande utilité dans ce Païs là; & vous les obligerez de leur en donner en même temps les dimensions suivantes, qui sont les principales de celui dans lequel je m'embarquai, & qui est un des plus petits qu'on fasse en Hollande. Il avoit 42. pieds de longueur, depuis l'étrave jusqu'à l'étambord, sur 10. piez

* *Virer de bord* c'est changer de bord, lorsqu'on louvoye, c'est à dire metre la proue & les voiles au contraire de ce qu'elles étoient avant que de virer de bord.

† *Resuser* c'est quand un Batiment ne veut pas tourner au vent, lorsqu'il est question de virer de bord, en présentant la proüe, presque au même endroit où il avoit la poupe.

piez de Bau. Le fonds de cale avoit 8. piés de large, & cinq de creux, ou environ. La Cabane de proüe avoit six piés de longueur; elle estoit accompagnée d'une petite cheminée dont le Tuyau sortoit sur le pont, au pied du virevaut. Celle de poupe étoit de même grandeur, & son tillac étoit élevé de trois piés au dessus du Pont; La barre de son éfroyable Gouvernail passoit sur la route de cette Cahute Ce petit Bâtiment sans façons, avoit des *Varangues* presque aussi plattes que les *Chalands* de la Seine. L'estrave avoit cinq pies de queste, & l'estambord environ 10 pouces. Son Vibord estoit à peu prés d'un pié & demi d'élévation; son mât avoit plus de 30. piés de haut, sur 10. pouces, de diamétre; sa voile avoit à peu prés la figure d'un Triangle rectiligne. Il avoit des *seméles*, qui sont des espéces d'ailes, dont les Charpentiers connoissent fort bien l'utilité. Enfin, pour en être mieux éclairci, vous pouvez écrire en Hollande, d'où l'on pourra vous en envoyer un modéle en bois; Car, quelque description que je vous en fasse, les Charpentiers François n'y connoîtront presque rien. Il en est de ceci comme de certains instruments de Mathématique, ou d'autres Machines, dont les plus habiles gens ne sçauroient s'en faire une idée juste, à moins qu'ils ne les voyent.

Cette navigation *d'Amsterdam* à *Hambourg*, se fait par les *Wat*, c'est à dire entre la terre ferme & une chaîne d'Iles situées à deux ou trois lieües au large, autour desquelles la marée monte & décend, comme ailleurs.

Vous remarquerez qu'il y a des *Chenaux* entre ces Iles & la Terre ferme, qui sont plus profonds que le reste du Terrain, qu'on d'ecouvre à droit & à gauche, lequel asséche toutes les marées. Il est aisé de suivre ces Chenaux par le moyen de certaines *Balizes*, ou *Arbrisseaux*, plantées sur le sable de distance à autre. Dez-que la marée est à demi haute, on peut lever l'ancre, en suivant ces Chenaux, quoiqu'ils serpentent extrémement; & même il est facile de lauvoyer à la faveur du Courant, quand le vent est contraire, jusqu'à ce que la Mer vienne au point d'estre presque basse. Car alors il faut que le Bâtiment échoue sur le sable, & demeure ensuite tout à fait à sec. Je vis plus de trois cents *Boyers* plus grands que le nôtre, durant le cours de cette navigation, qui me paroît aussi seure que celle d'une Riviére, à la réserve d'un trajet de 10. lieües, qu'on est obligé de faire en pleine mer, depuis la derniere Ile jusqu'à l'emboûchûre de *l'Elbe*. Les marées montent 3. brasses à pic, depuis l'entrée de cette Riviére jusqu'à *Lauxembourg* situé à dix ou douze lieües au dessus de *Hambourg*; ce qui fait que les Vaisseaux de guerre peuvent aisément monter jusqu'à cette derniére Ville.

Cette navigation *d'Amsterdam* à *Hambourg*, se fait ordinairement en sept ou huit jours, parceque les vents d'Ouest régnent les trois quarts de l'année dans ces parages là. Mais nôtre voyage n'en dura que six, quoique nôtre Patron fût obligé de perdre une marée pour

HAMBOURG

pour aller * *raisonner* à la ville *d'Estade* située à une lieüe de l'Elbe, où les Bâtimens doivent payer le péage au Roy de *Suéde*, à la réserve des *Danois*, qui pourroient avoir autant de droit d'en exiger un semblable, s'ils vouloient se prévaloir des moyens qu'ils trouveroient de fermer le passage de cette Riviére avec les Canons de *Glucstat*. *L'Elbe* a une grande lieüe de largeur vers son Embouchеure, & sa profondeur est sufisante pour les Vaisseaux de cinquante à soixante piéces dans le *Chenail*, au temps des marées de la pleine & de la nouvelle Lune. J'avoüe que l'entrée de cette Riviére est trés dificile, & par conséquent dangereuse, à cause d'une infinité de sables mouvans qui la rendent inaccessible de † *non veüe*, aussibien que la nuit, malgré la précaution qu'on a eu de construire une Tour de bois un peu avant dans la Mer, pour y faire des feux qu'on découvre d'assez loin. *Hambourg* est une grande Ville irrégulierement fortifiée de gazon. Je ne vous parle point du Gouvernement Démocratique de cette ville Anséatique, non plus que de ses dépendances; car il est à croire que vous n'ignorez pas ces sortes de choses, dont les Géographes traitent si amplement. Je me contenterai de vous dire qu'elle est considérable par son commerce, comme il est aisé d'en juger pour peu qu'on considére l'avantage de sa situation. Elle fournit presque toute la Haute Allemagne, de

* *Raisoner*. C'est à dire produire ses passeports & ses Factures, & payer ensuite les droits.

† *Non veüe*, temps obscur couvert de Broüillards.

de toutes sortes de marchandises étrangeres, par la commodité de *l'Elbe*, qui porte des bâteaux plats de 200. Tonneaux jusqu'au dessus de *Dresde*, & même on peut dire que cette Ville est d'un grand secours à l'Electeur de *Brandebourg*, puisque ces mêmes Bateaux montent jusques dans *l'Aprée* & dans quelques autres Riviéres des Etats de ce Prince. Les Marchans de *Hambourg* trafiquent dans toutes les parties du Monde, à la reserve de l'Amérique; ils envoyent peu de Vaisseaux aux Indes Orientales, & dans le fonds de la Méditerrannée, mais beaucoup en Afrique, en Moscovie, en Espagne, en France, en Portugal, en Hollande, & en Angleterre, & même ils ont deux Flotes qui font le Commerce *d'Arcangel*, où elles se trouvent annuellement à la fin des mois de Juin, & de Septembre. Cette petite République entretient quatre Vaisseaux de guerre de cinquante Canons, & quelques Fregates legéres, qui servent à convoyer les Vaisseaux destinez pour la Méditerranée, ou pour les Côtes de Portugal & d'Espagne, où les *Mores* ne manqueroient pas de les enlever, s'ils naviguoient dans ces Mers-là sans escorte. Cette Ville n'est ni belle ni laide, mais la plûpart des Rues sont si étroites, que les Carrosses sont obligés d'arrêter ou de reculer à tout moment. On s'y divertit assez bien. On y trouve ordinairement des Troupes de Comédiens François ou Italiens, & même un *Opera* Allemand, dont la Maison, le Théatre & les décorations ne cédent en rien aux plus beaux de l'Europe. Il est vray que les Habits des Acteurs sont aussi hétéroclites que leurs airs ; mais on peut se dédommager par la simphonie qui paroit assez bonne. Les environs de *Hambourg* sont tout à fait beaux, pendant l'Eté, à cause d'une infinité de Maisons de Campagne qui sont ornées de jardins trés-jolis, & trés-curieux, où les Arbres fruitiers qu'on y voit en trés grand nombre, produisent d'assez bons fruits, par le secours de l'Art, au défaut de la Nature. Au reste, je ne puis sortir de ces environs-là, sans vous raconter une chose asséz particuliére. Il faut donc vous dire qu'on trouve des Champs de bataille prés de *Hambourg*, sur les Territoires de *Danemark* & de *Lubec*, où les quérelles particuliéres se terminent à la veüe d'une infinité de spectateurs, qui en sont avertis à son de trompe, quelques jours avant que les Champions entrent en lice. Il y a ceci de remarquable, que les Combatans, soit à pied, soit à cheval, implorent la mediation de deux Seconds, pour juger seulement des coups, & les séparer de part & d'autre, dez qu'il y a quatre goutes de sang répandues. Ce qui fait que les Parties se retirent pour la moindre égratigneure.

Et s'il arrive que l'une des deux tombe sur le carreau, le Vainqueur rentrant sur le Territoire de *Hambourg* se retire en triomphe dans cette Ville, au bruit de cris de joye que les Spectateurs font retentir dans les airs pour Honorer sa victoire. Ces Tragédies sont assez ordinaires dans ce Païs-là. Car comme c'est l'abord d'une infinité d'Etrangers,

gers, il arrive toûjours quelque désordre, qui se termine de cette maniere. Autrefois les *Danois*, les *Suédois*, & les *Allemans* accouroient en ces lieux-là, quand il s'agissoit de terminer les démêlez qui arrivoient entr'eux dans leur païs, où les duels sont étroitement défendus. Mais leurs Souverains ont mis ordre à cela, par la Déclaration qu'ils ont faite de les punir à leur retour, avec autant de sévérité, que s'ils se fussent battus dans leurs Etats.

Je partis de *Hambourg* aprez y avoir séjourné cinq ou six jours; & me servant du Chariot de Poste qui va journellement à *Lubec*, dont chaque place coûte un écu & demi, j'arrivay le même jour dans cette Ville là. Dez-que nous arrivâmes aux portes, on nous demanda qui nous étions. Chacun dénonça franchement son Païs & sa profession; mais la crainte d'estre arrêté m'empêcha d'estre aussi sincére que les autres Passagers. Je fis un peu le Jésuite dans cette rencontre-là, car je fus obligé de dire, en dirigeant mon intention, que j'estois Marchand *Portugais*, ce qui fit que j'en fus quitte pour être appellé Juif; ensuite on nous laissa passer sans faire la visite de nos Cofres. La Ville de *Lubec* n'est pas si grande, ni si peuplée que celle de *Hambourg*, mais les rues sont plus larges & plus droites, & les maisons plus belles. Les Vaisseaux sont rangez à côté les uns des autres, le long d'un beau quay, qui régne d'un bout de la Ville à l'autre, sur une Riviére si étroite, qu'elle est, à mon avis, plus profonde que large; son

plus

plus grand commerce eſt celuy de la Mer *Baltique*, quoi qu'elle n'en eſt éloignée que de deux lieües. C'eſt juſtement l'endroit où je ſuis à préſent, qui eſt ſitué à l'embouchcure de cette petite Riviére, dans laquelle, il eſt impoſſible que les grands. Vaiſſeaux puiſſent entrer, à cauſe d'une Barre, ſur laquelle on ne trouve tout au plus que 14 ou 15 pieds d'eau; dans le temps même que les Vents du large font accidentellement enfler les eaux, à peu prez comme les marées de l'Ocean. Je m'embarquerai demain icy dans une Frégate deſtinée à porter des Paſſagers à *Copenhague*, pourvû que le vent de Sud continue comme il a fait aujourd'huy; J'ay retenu la chambre de poupe dont je ne paye que deux Ducats, qui valent à peu pres 4 écus de France. C'eſt la monnoye la plus courante, & la plus commode dans tous les Païs du Nord. Car elle a ſon cours en Hollande, en Danemarc, en *Suéde*, & chez tous les Princes *d'Allemagne*. Mais il faut prendre garde à n'en point recevoir qui ne ſoient de poids, ſi l'on veut éviter la chicane & la perte de quelques ſols. Au reſte, j'ay trouvé juſqu'ici de bonnes Auberges dans toutes les Villes où j'ay paſſé. Le bon vin de *Bordeaux* ne manque non plus à *Hambourg* qu'à *Lubec*. On y boit auſſi des vins de *Rhin* & de *Moſelle*, mais je les trouve plus propres à faire cuire des Carpes, qu'à toute autre choſe. Adieu, Monſieur, le temps de finir ma Lettre & de plier bagage, s'aproche à l'heure qu'il eſt. J'eſpére d'être aprez demain à *Copenhague*, ſi ce vent de Sud eſt autant nôtre ami que je ſuis.

Monsieur,

Vôtre Travemunde, &c. 1694.

MONSIEUR,

LE vent de Sud-Eſt qui ſoufloit dans le temps que je vous écrivis ma derniére Lettre, nous conduiſit juſqu'au Port de cette bonne Ville de *Copenhague*, enſuite il nous quitta pour aller porter le dégel aux Terres ſeptentrionales de Suéde, où il étoit attendu depuis quelques jours. Ce petit trajet de Mer que nous fimes en deux fois vint & quatre heures, me parut aſſez divertiſſant; car j'eus le plaiſir de voir à Babord, c'eſt à dire à la main gauche, quelques Iles Danoiſes qui paroiſſent eſtre aſſez peuplées, s'il en faut juger par la quantité de Villages, que je découvris en rangeant ces Iles, d'un temps clair & ſerain, à la faveur d'un petit vent frais & modéré. Ce trajet me ſembleroit un peu dangereux en temps d'hiver, à cauſe des bancs de ſable qui ſe trouvent en quelques endroits, car comme les nuits ſont courtes, & les vents impétueux dans cette ſaiſon, je craindrois fort d'y échouer, malgré toute ſorte de précaution. Dez-que j'eus mis pied à terre dans cette Ville-ci, les gens de la Doüane firent la viſite de mes Valizes, où ils trouvérent plus de feüilles de papier, que de piſtoles. Le lendemain de mon arrivée j'allai ſaluer Mr. de *Bonrepaus* qui étoit allé prendre l'air depuis quelque jours à la Campagne, pour le rétabliſſement de ſa ſanté. Enſuite je

COPENHAGUE

je revins dans cette Ville, qui peut être mise au rang de celles qu'on appelle en Europe grandes & belles. La fortification en est bonne & réguliere ; mais par malheur elle n'est pas revêtue. La Citadelle qui défend l'entrée du Port a le même défaut. Ce Port est un des meilleurs du monde, car la Nature & l'Art l'ont mis à couvert de toute sorte d'insulte. Le terrain de *Copenhague* est uni, les rues sont larges, & les maisons presque toutes de brique à trois étages. On y voit trois belles Places ; entr'autres celle du Marché du Roy, ainsi nommée à cause de sa Statue Equestre qu'on a eû le soin d'y élever. Cette Place est environée de quelques belles Maisons ; dans l'une desquelles Mr. de *Bonrepaus* est logé. Cet Ambassadeur avoit besoin d'une aussi grande Maison que celle qu'il occupe, ayant un aussi grand train. La magnificence de sa Table répond merveilleusement bien à celle de ses Equipages. Tout le monde l'estime & l'honnore avec raison. Je n'en dirai pas davantage voulant ratraper l'article de la Ville, qui paroît trés avantageusement située, comme on le peut voir dans la Carte de l'Ile de *Zélande*. Elle est fort commode pour les Vaisseaux marchans qui peuvent entrer, sans peine, dans les Canaux qui la traversent. On y voit des Edifices curieux, les Eglises de *nôtre Dame* & de *St. Nicolas* sont grandes & belles. La *Tour Ronde*, dont l'escalier à girons rempans permétroit aux Carrosses de monter jusqu'au haut, passe pour une curieuse Masse d'Architecture. La *Bibliotéque*, qui se trouve

ve renfermée dans le corps de ce Bâtiment est pleine de Livres & de Manuscrits fort précieux. La *Bourse* est encore une Edifice admirable par raport à sa longueur, outre qu'elle est située dans le plus bel endroit de la Ville. Le *Palais du Roy*, me paroit aussi estimable par son antiquité que s'il étoit bâti à la moderne. Car il suffit que l'harmonie des proportions se rencontre dans la Masse de ce Château, dont les meubles & les peintures sont d'une beauté achevée. *Le Cabinet de Curiosités du Prince Royal*, est rempli d'une infinité de piéces tout à fait rares. Les *Ecuries du Roy* ne contiennent à present que 100. Chevaux de Carrosse, c'est à dire 13 ou 14 attelages de diférentes espéces, & cent cinquante chevaux de Selle ; mais les uns & les autres sont également beaux. *Cristians-stave* est une seconde Ville séparée de *Copenhague* par un grand Canal d'eau vive. La Maison Royale de *Rozembourg*, située aux extrémitez de la Ville, est ornée d'un Jardin délicieux. Venons maintenant au caractére des Princes & des Princesses de la Cour. Il est inutile de parler de la valeur & de la vigilance du Roy : Car ces deux qualitez de ce Monarque sont assez bien connues de tout le monde. Je me contenterai de vous dire simplement qu'il a beaucoup de jugement & de capacité, & qu'il est fort attaché aux intérêts de ses Sujets, qui le regardent comme leur Pére, & leur Libérateur ; étant grand Capitaine, il sçait tout ce qu'un Habile Homme de guerre doit sçavoir. Il est affable & généreux, au supré-
me

me degré. Il parle également bien le Danois, le Suédois, le Latin, l'Alleman, & même l'Anglois, & le François. La Reine est la Princesse la plus accomplie qui soit au monde, c'est tout dire. Le Prince Royal est le digne Fils de ce grand Roy, & de cette bonne & vertueuse Reine. Comme vous l'avez entendu publier par autant de bouches qu'il y a de gens en France. Il est sçavant, il a l'esprit subtil, mêlé de douceur, & ses maniéres sont aussi Royales que sa Personne, ce qui fait qu'on luy souhaite, en le voyant, le bonheur & la prospérité que sa phisionomie luy promet. Le Prince *Christian* est un aimable Prince, aussi bien que le Prince *Charles* son Cadet. Il paroît je ne sçay quel air d'affabilité sur leur visage, qui charme tout le monde. Le Prince *Guillaume* leur Frére est un jeune Enfant tout à fait joli. La Princesse *Sophie*, qu'on nomme ordinairement la Princesse Royale, a l'air effectivement Royal. Elle est belle, jeune, bien faite, ayant de l'esprit comme un Ange. C'en est assez pour la mettre au dessus de toutes les Princesses de la Terre; outre qu'elle a mille autres bonnes qualitez, dont le détail seroit un peu trop long, pour estre inseré dans une Léttre. Parlons d'autre chose. On vit icy presque pour rien, quoique le bon poisson soit un peu cher; de sorte que les repas ne coûtent dans les meilleures Auberges que 15. ou 16 sols. La viande de boucherie n'est pas si succulente, ni si nourrissante qu'en France: mais la volaille, les oiseaux de riviére, les liévres, & les perdrix, sont merveilleux.

La bouteille du meilleur vin de Grave, ne coûte que 15 sols. Les Carrosses de loüage s'y trouvent à un écu par jour, & à 60. livres par mois. Les eaux sont bourbeuses & pesantes, ce qui fait qu'on a recours à la biére qui est bonne, claire, saine & d'un prix fort raisonable. Les Réfugiez François ont icy l'exercice libre de leur Réligion sous la direction de Mr. de la *Placette* Ministre *Bearnois*, à qui la Reine donne une trés-bonne pension, pour le soin d'une Eglise publique dont cette Princesse est la Protectrice. Le Roy passe ordinairement l'Eté dans ses Maisons de Campagne, tantôt à *Tagresbourg*, à *Fréderisbourg*, & à *Cronembourg*. Il n'y a guére de Prince au monde qui puisse prendre le plaisir de la chasse des Bêtes fauves plus agréablement que luy. Tous ses Parcs sont pleins de chemins assez larges pour courir en Chaise. D'ailleurs, les Chevaux Danois ont un galop étendu trés commode pour les Chasseurs, & les Chiens de ce païs-là ne tombent presque jamais en défaut. Sa Table est aussi bien servie qu'il se puisse. Ce qui fait qu'au retour de la chasse, il trouve un nouveau plaisir à faire une chére angelique. Ce Prince s'occupe aussi trés souvent à faire la reveüe de ses Troupes, à visiter ses Places, ses Magazins, ses Arsenaux, & son Armée Navale, Il tire quelquefois à l'oiseau, avec les Seigneurs de sa Cour. Il prit ce divertissement il y a deux mois à un quart de lieue d'ici. Cet Oiseau de bois, gros comme un cocq, étoit planté sur le faîte d'un Mât; Le Roy tira le premier de cent pas, mais

mais sa bale n'enleva qu'unepetite piécedu cou. Ses Courtisans tirérent ensuite si adroitement qu'il ne restoit plus qu'un morceau de cet Oiseau, que ce Prince fit sauter à la fin, aprez avoir été disputé par un assez grand nombre de Tireurs. On trouve peu de gens icy qui n'entendent assez bien le François. Messieurs de l'Academie Royale ne connoissent peut-estre pas mieux la délicatesse & la pureté de cette Langue que Madame la Comtesse de *Frize*, qui par son esprit, par sa naissance, & par sa beauté, passe à bon droit pour la perle & l'ornement de cette Cour. Les *Danois* sont bien faits, civils, honêtes, braves & entreprenans; & leurs façons de faire ont quelque chose d'aimable, en ce qu'ils sont tout à fait affables & complaisans. Je les croy gens de réflexion & de bons sens; éloignez de cette affectation & de cette vanité insuportables: au moins je voy qu'ils procédent avec un dégagement Cavalier en toutes choses. Les Dames sont fort belles & fort enjoüées; ayant toutes généralement beaucoup d'esprit. Quelques-unes ne manquent pas de vivacité, quoique le Climat semble un peu opposé à ce brillant, qui leur sied parfaitement bien. Les Danois se plaignent qu'elles sont un peu plus fiéres, ou plus scrupuleuses qu'elles ne devroient; ils ont raison sur le scrupule; pour la fierté je n'en sçay rien; quoiqu'il en soit on prétend que le *qu'en dira t-on* est la cause qu'elles ne reçoivent presque point de visite; si c'est pour eviter l'occasion, qui fait le larron, à la bonne heure: mais si c'est pour éviter les traits

traits de la médiſance, qui régne autant icy qu'ailleurs , elles ne font rien qui vaille; car enfin elles ont plus de ſageſſe & de vertu qu'il n'en faut pour eſſuyer des eſcarmouches de ſoupirs ſans s'émouvoir. Au reſte on les voit aſſez ſouvent chez Monſieur de *Gueldenlew* , Viceroy de Norwegue , & Frére naturel du Roy. Ce Seigneur, qui eſt un des plus magnifiques de l'Europe, ſe fait un plaiſir de faire donner tous les jours une groſſe Table de 18. Couverts où ces Dames ſont auſſi bien reçeues que les Cavaliers de diſtinction , leſquels aprez le repas ont acouſtumé de faire des parties de jeux, ou de promenade avec elles. On trouve la même chére & la même Compagnie chez Mr. le Comte de *Revenclau* , qu'on tient icy pour un des plus zelez & des plus habiles Miniſtres du Roy. Ces repas ſont un peu trop longs pour moy , qui ſuis acoutumé de dîner en poſte, c'eſt à dire en cinq ou ſix minutes , car ils durent ordinairement deux heures. Les mets excellens qu'on y ſert en profuſion ont dequoy ſatisfaire le goût, la veüe , & l'odorat. Ces Tables ne diférent en autre choſe des meilleures de nôtre Cour, ſi ce n'eſt qu'on y ſert de grandes piéces de bœuf ſalé. Dont il me ſemble que les *Danois* auroient tort de manger avec tant de plaiſir , s'ils n'avoient pas le ſoin de chaſſer du goſier la ſalive de cette viande avec l'agréable liqueur du bon homme Noé. Parmi les diferentes ſortes de vin qu'on y boit, ceux de *Cahors* & de *Pontac* ſont les ſeuls dont un François ſe puiſſe ac-
com-

commoder. Il ſemble que ce ſoit une coutume inviolablement établie dans les Païs du Nord d'avaler une ou deux Coupes de biére, avant que de paſſer au vin, dont on fait trop d'eſtime pour le gâter avec l'eau. On dit que ces repas duroient autrefois quatre ou cinq heures, & qu'on beuvoit aſſez cavaliérement pendant ce temps-là, malgré les riſques de la goutte. Mais cet uſage eſt maintement aboli ; d'ailleurs, les verres ſont ſi petits , & la modération eſt ſi grande, qu'on ſort de table avec toute ſorte de tranquillité. Ce n'eſt pas qu'en certaines Fêtes extraordinaires on fait encore des feſtins, où les Conviez ſont indiſpenſablement obligez de boire quelques razades éfroyables dans certains *Welcoms*, autrefois en uſage parmi les Grecs, ſous le nom de Αγαθȣ Δαίμον☉. Le ſouvenir de ces Vaſes me fait trembler, depuis l'accident impréveu qui m'arriva malheureuſement, il y a deux mois chez Mr. de *Gueldenlew*. Ce Viceroy régaloit dix-huit ou vint Perſonnes de l'un & de l'autre Séxe, à l'honeur de la naiſſance d'un de ſes Enfans. Le hazard voulut que j'euſſe l'honneur de me trouver au nombre des Conviez, qui furent tous obligez, à la reſerve de Mr. de *Bonrepaus*, de boire pendant le repas deux douzaines de razades, à la ſanté des préſens & des abſens. Je vous avoüe que j'eſtois fort embarraſſé de ma contenance, & que j'aurois preſque autant aimé boire le fleuve de St. Laurent que ces Fontaines de vin ; Car il n'y avoit aucune apparence de tricher, ni de s'en défendre. Il ne s'agiſſoit plus de faire re des réfléxions sur l'étrange situation où je me trouvois; il failloit, suivant le proverbe, boire le vin, puisqu'il étoit deja tiré; c'est à dire, faire comme les autres. Cependant on apporta sur la fin du repas un grand *Welcom* d'or contenant deux bouteilles, que tous les Cavaliers furent obligez d'avaler plein à la santé de la Famille Royale. Dieu sçait si jamais le triste Nautonnier trembla de meilleure grace à l'aspect du naufrage, que je fis à l'abord de ce Vase monstrueux. Je veux bien vous dire que je le beus, mais je n'acheverai pas, s'il vous plaît le reste de l'histoire, car je ne prétens pas faire trophée de l'action héroique que je fis, à l'imitation de trois ou quatre autres, qui déchagérent leur consçience d'aussi bonne grace que moy, au pied de la Table. Aprez ce coup fatal j'étois si mortifié que je n'ozois paroître, & même trés disposé à quitter incessamment le Païs, si mes Compagnons de bouteille & de disgrace ne m'en avoient dissuadé par une infinité de proverbes Allemans, qui sembloient loüer ce généreux exploit, sur tout celuy-ci. *S'il est honteux de trop prendre, il est glorieux de rendre.* Au reste les Gentishommes *Danois* vivent assez comodément du revenu de leurs Terres, & même leurs Paisans ne manquent de rien, comme les nôtres, si ce n'est d'argent. Ils ont des grains & des Bestiaux, pour vivre grassement, & pour payer le fief à leurs seigneurs. N'est-ce pas assez d'être bien vêtu, & bien nourri? Je voudrois bien sçavoir à quoy servent les écus des Paisans de Hollande, pendant qu'ils

ne

ne mangent que du beurre & du fromage étendu sur du * *Pompernik*? si c'est pour payer le tribut à leur République, il faut aimer avec bien de l'aveuglement une ombre de liberté qu'on achéte aux dépens de la substance qui maintient sa vie & la santé. Le meilleur coup que les *Danois* ayent jamais fait, c'est lorsqu'ils ont mis leurs Rois sur le pied qu'ils sont aujourd'huy. Celuy qui régne à present exerce le pouvoir arbitraire avec autant d'équité que son Prédécesseur. Avant ce temps-là ce n'estoit que Factions, Cabales, & Guerres Civiles dans le Royaume. On ne voyoit que des désordres dans l'Etat & dans la Société. Les Grands oprimoient les Petits; & les Rois eux-mêmes estoient, pour ainsi dire, assujetis aux Loix de leurs Sujets. En un mot, ce phantôme de liberté, dont ces Peuples se laissoient éblouïr, comme plusieurs autres, par de fausses lueurs, ne servoit qu'à les rendre esclaves d'une infinité de Roitelets, qui agissoient en Souverains, sans craindre le pouvoir borné des Rois. Les revenus du Roy de Danemarc se montent, à présent, à 5 millions d'écus. C'est un fait incontestable que je sçay de trés bonne part. Il entretient prez de trente mille Hommes de bonnes Troupes réglées, bien disciplinées, & réguliérement payées, sans compter les Milices qui sont toûjours prêtes à marcher. Outre qu'il peut encore lever quarante mille Hommes,

* *Pompernik*, est une espéce de pain noir comme la cheminée, pesant comme du plomb & dur comme des cornes.

mes dans le besoin, sans dépeupler ses Etats. Ses Officiers ont des apointements raisonnables; sur tout ceux de Marine, qui n'ont pas, comme les nôtres, plus de paye qu'il leur en faut, à proportion de nos miserables Capitaines d'Infanterie & de Cavalerie, lesquels sont obligez de faire assez maigre chére, pour suvenir aux dépenses dont les Capitaines de Vaisseaux sont exempts. On dit qu'il est avantageux à ce Prince de prêter ses troupes à ses Alliés, non par raport aux sommes qu'il en peut retirer, mais seulement pour les tenir en haleine, les aguerrir & les perfectioner dans l'Art Militaire, afin d'en tirer de l'utilité dans l'occasion. Vous remarquerez, Monsieur, que le Roy de Danemarc est au dessus de ce scrupule ridicule qu'ont la plûpart des autres Princes, de n'employer à leur service les Etrangers qui ne sont pas de leur Religion. Messieurs de *Cormeillon*, *Dumeni*, *Labat*, & plusieurs autres ont des emplois considérables dans ses Troupes, quoiqu'ils soient François & Catholiques. Cela fait voir que ce Monarque est persuadé que les gens d'honeur manqueroient plûtôt à la Religion qu'à la fidélité qu'ils doivent à leur Maître. Entre nous, je croy qu'il a raison; Car enfin le premier point de toute Religion consistant dans la fidélité qu'on doit à Dieu, à l'Ami, & au Bienfaiteur, rien ne peut ébranler un honête Homme, ni le porter à agir contre son devoir. Je ne veux pas juger des autres par moy-même, mais pour moy, je vous assûre que si j'avois embrassé le service des *Turcs*, avec ma liberté d'être Catholique

que fieffé, & qu'il fût ensuite question d'embraser la Ville de Rome, j'y métrois le feu le premier par l'obeïssance que je devrois au *grand-Seigneur*. Changeous de propos. Les Loix de Danemarc contenues dans le Livre Latin que je vous envoye, vous paroîtront si claires, si sages si distinctes, qu'elles semblent avoir esté dictées par la bouche de *St. Paul*; d'où vous conclurez ensuite que ce Païs n'est guére favorable aux Procureurs, Avocats, & autres gens de chicane. J'avoue que l'article des rencontres vous semblera déraisonable, comme il l'est effectivement, car au bout du compte, il est presque aussi desavantageux de tuer son ennemi, que de se laisser tuer soy même. La Cour de Danemarc est aussi belle qu'aucune autre de l'Europe, à proportion de sa grandeur. Les équipages des Seigneurs qui la composent sont des plus magnifiques. Ce qui est singulier, c'est qu'il n'est permis qu'aux Personnes de la Famille Royale de donner des Livrées rouges à leurs Laquais. L'heure de la Cour est depuis midi jusqu'à une heure & demie, ou environ. Le Roy se fait voir pendant ce temps là dans un Salon rempli de gens d'une propreté achevée, on n'y voit que des Habits brodez & galonez à la mode & de bon goût. Les Ministres étrangers s'y trouvent régulierement : car le Roy leur fait l'honneur de les écouter avec plaisir. On y trouve peu de Chevaliers de *l'Eléphant*, cet Ordre n'étant conferé qu'aux premiers du Royaume. On peut dire qu'il est aujourd'huy le plus noble de tous ceux de l'Eul'Europe, & qu'il a moins dégéneré que les autres. Cela est si vray que de trente quatre Chevaliers, dont il est composé, les trois quarts sont Princes Souverains. l'Ordre de * *Danebrouc* est plus commun, & par conséquent moins considérable, quoique les Chevaliers qui sont revêtus de ce Colier joüissent de plusieurs prééminences & prérogatives tout à fait belles. Les Fils naturels des Rois de Danemarc ont les Titres de † *Gueldenlew* & de *Haute Excellence*, leurs Femmes sont pareillement distinguées par celuy de *Haute Grace*. Le Roy régnant en a deux, qui ont plus de mérite qu'on ne sçauroit dire; l'Ainé sert en France avec tout l'aplaudissement imaginable. Le second qui n'a que quinze ans, & qui est icy, promet beaucoup, a de l'esprit infiniment, il est beau, bien fait, & de bonne mine; en un mot, c'est un des Chevaliers des plus accomplis que j'aye vû de ma vie. Il est pourvû de la Charge de Grand-Admiral; & ce qui vous surprendra, c'est qu'il entend mieux la construction des Vaisseaux, & les Mathématiques, que les plus habiles Maîtres. Il y a deux Eglises Catholiques libres, permises, & publiques dans les Etats du Roy de Danemarc; l'une à *Glucstat* & l'autre à *Altena*. L'air de ce Païs est fort sain pour les gens sobres, & trés-contraire à ceux qui n'ont pas l'esprit content; On ne connoit icy d'autre maladie que celle du *Scorbut*. Les Médecins en atribuent la cause à l'air salé, & chargé d'une infinité de vapeurs

* *Danebrouc*, signifie l'Ordre blanc.

† *Gueldenlew*, signifiée Lion d'or.

vapeurs épaiſſes & condenſées, leſquelles s'uniſſant ſur la ſurface de la terre, s'inſinuent avec l'air dans les poûmons, & par leur mêlange avec le ſang retardent ſi fort ſon mouvement, qu'il ſe coagule & de là provient le ſcorbut. Mais avec la permiſſion de ces Docteurs, je prendray la liberté d'embraſſer le parti de l'air de cette agréable Ville, en les priant de conſidérer que les impreſſions de l'air ſur la maſſe du ſang ſont moins fortes que celles des alimens. Si le ſcorbut provenoit des mauvaiſes qualitez de l'air, il s'enſuivroit que tout le monde en ſeroit attaqué, ce qui n'eſt point; car les trois quarts des *Danois* en ſont exempts. Je fonde mon raiſonnement ſur tous les ſoldats qui moururent de ce mal en 1687. au Fort de *Frontenac* & de *Magara* (comme je vous l'écrivis l'année * ſuivante) où l'air eſt le plus pur & le plus ſain qui ſoit au monde. Il eſt donc plus raiſonable d'en atribuer la cauſe aux alimens, c'eſt à dire aux viandes ſalées, au beurre, au fromage, & même au défaut d'exercice, & au ſommeil exceſſif. C'eſt un fait dont tous les gens de Mer, qui auront fait des voyages de long cours, ne diſconviendront pas, dez-qu'ils auront veu les terribles ravages que le ſcorbut ſçait faire ſur les équipages des Vaiſſeaux. Il faut donc s'en prendre aux mauvais alimens dont j'ay parlé, selon le ſentiment d'un habile Homme, en qui j'ay beaucoup de foy.

Il

* 1688. Voyez mes lettres de cette année-là.

Il me disoit un jour que [illegible]s alimens acides augmentent l'acidité du sang, ce qui fait que celuy de ces sortes de malades est destitué d'esprits, ou du moins ils s'y trouvent en si petite quantité, qu'ils sont facilement absorbez & envelopez par les acides qui y dominent, si bien qu'il est impossible qu'ils puissent exciter de grandes fermentations. Pour ce qui est du long repos, & du trop long sommeil, tout le monde sçait qu'ils disposent beaucoup à l'obstruction des intestins & qu'ils servent à engendrer des sucs cruds, empêchant toutes les évacuations sensibles acoutumées, tant par le mouvement rallenti des esprits, que par l'insensible transpiration des parties les plus subtiles. Sur cela je conclus que les viandes fraîches, les bons potages, le sommeil réglé, & l'exercice modéré *ad ruborem, non ad sudorem*, sont les antidotes du scorbut & les meilleurs correctifs de la masse du sang sur la mer, comme sur la terre. Si cette digression est un peu longue, vous devez, Monsieur, l'attribuer au desir que j'ay de vous donner quelques avis pour vous préserver de cette maladie, en cas qu'il vous préne envie de faire quelque voyage de long cours; & ne croyez pas, s'il vous plaît, que je me sois écarté du fil de ma narration, pour prouver que l'air de cette Ile est meilleur que celuy de Portugal, c'est ce que je ne sçay pas. Car quelque air que je respire, je me porte également bien. Il est vray que l'inconstance du temps qu'on remarque icy pourroit me chagriner un peu, si j'estois obligé d'y passer

le

le reste de ma vie. Car le temps change assez souvent trois ou quatre fois le jour, passant du froid au chaud, du sec à l'humide, & du clair à l'obscur. J'ay eû l'honeur de faire la révérence au Roi dans son Château de *Frederisbourg*, où il conféra l'Ordre de *l'Elephant* à quelques Princes d'Allemagne, par procuration. Cette Cérémonie, qui me parut tout à fait belle, y attira quantité de Personnes de distinction, entr'autres tous les Ministres étrangers, qui se firent un trés grand honneur d'y assister. Quelques jours aprés, ce Prince alla prendre l'air à *Cronembourg*, situé directement sur les rives du Détroit du *Sund*. La fortification de ce Château est réguliere, il est revêtu de brique, & garni d'un grand nombre de Couleuvrines de gros calibre, & de bonne longueur, qui défendent l'entrée de ce Détroit, auquel je puis donner 3500. pas géometriques de largeur. C'est à dire une grande lieüe de France. C'est un plaisir de voir entrer & sortir chaque jour une infinité de Vaisseaux, qui vont, & qui viennent de l'Ocean à la Mer Baltique. Et comme les Canons de *Cronembourg* sont les clefs de cette porte, il faut que tous les Bâtimens étrangers viennent indispensablement moüiller au Bourg *d'Elseneur*, pour y raisonner, avant que de passer outre. Vous me direz, peut-être, qu'une grosse Flotte de Vaisseaux de guerre n'auroit pas trop de peine à franchir ce passage, aux dépens de quelques Canonades, je l'avoüe, mais si l'Armée navale du Roy de Danemarc étoit moüillée dans ce Détroit, je suis persuadé qu'elle en

H dé-

défendroit l'entrée. Sur ce pied-là je conclus donc qu'on ne doit pas trouver étrange que Sa Majesté Danoise exige un médiocre tribut des Vaisseaux Marchands de toutes les Nations, à la reserve des Suédois. Au moins, il me semble qu'il est plus en droit de le faire que le Grand Seigneur au Détroit des *Dardanelles*. Car la plûpart des Vaisseaux qui entrent dans la Mer Baltique vont faire leur commerce à *Lubec*, en *Brandebourg*, à *Danzic*, en *Prusse*, en *Courlande* en *Livonie* & en *Suéde*; au lieu que ceux qui entrent dans les *Dardanelles* abordent aux Ports du *Grand Seigneur*, pour trafiquer avec ses Sujets, & non pas avec d'autres. Je voudrois bien sçavoir si le Roy d'Espagne ne prétendroit pas qu'on luy paiât aussi le droit d'entrée au Détroit de *Gilbraltar*, si l'Europe & l'Afrique avoient l'honêteté de s'aprocher tant soit peu l'une de l'autre ; même sans cela, qui sçait si ce Prince aiant un jour une puissante Armée Navale, ne s'aviseroit pas de l'exiger? Cette question n'est pas si problématique que vous le croyez. Quoiqu'il en soit, il y a bien des gens qui s'imaginent à la bonne foy, qu'on pourroit se dispenser de payer le tribut du passage du *Sund*, si l'on s'obstinoit à passer par un des deux *Belts*. Mais ils se trompent. Cela seroit bon si les sables qui sont dans la Mer, estoient aussi fixes que ceux qu'on imprime sur les Cartes Marines ; ce qui n'est pas. Car les uns se meuvent à chaque tempête, & changent de place, au lieu que les autres demeurent éternellement sur le Papier. D'ailleurs, il y a une infinité de rochers

chers couverts & de courants irréguliers inconnus aux Pilotes les plus expers, malgré leurs Cartes & leurs * flambeaux de mer; où ces écueüils ne sçauroient être marquez. Changeons de propos, & disons que le Danemarc produit quantité de choses qu'on y débite avantageusement aux Anglois & aux Hollandois. En voicy quelques-unes; le ségle, le froment, le Cidre, l'ydromel, les pommes, les bœux, les vaches, les cochons gras, les chevaux, le fer, le cuivre, le bré, & toutes sortes de bon bois de charpente, sur tout les mâts de Norwegue, où il s'en trouve d'assez grands d'un seul brin; pour mâter l'Arche de *Noé*; Il y a des Mines d'argent dans cette Partie Septentrionale, dont on prétend que le Roy pourroit tirer quelque avantage, s'il vouloit faire de la dépense pour les Ouvriers.

Les Norwegiens trafiquent aussi quantité de peaux d'Ours, de Renard. De Martres, de Loutres & d'Elan, qui ne sont pas si belles que celles de *Canada*. Venons aux Forces maritimes du Roy de Danemarc. Sa Flotte, qui est toûjours bien entretenue, aussi bien que ses Magazins, & ses Arsenaux de Marine, est composée de 28. Vaisseaux de Ligne, de 16. Frégates, & de 4. ou 5. Brûlots, sçavoir,

8. Vaisseaux depuis 80. Canons jusqu'à 100.
10. Vaisseaux depuis 60. Canons jusqu'à 80.
10. Vaisseaux depuis 50. Canons jusqu'à 60.
16. Frégates de 10. Canons à 26.

* Livres de Cartes Hydrographiques, &c.

3. Galiotes à Bombes.
1800. Charpentiers entretenus.
400. Canoniers entretenus.

La paye des Capitaines de Vaiſſeaux eſt diférente ; les uns ont 300. écus par an, & les autres 400. Les Capitaines Commandeurs en ont 500. & les Commandeurs 600. Outre cela il y a douze Gardes marines, qu'on appelle Aprentifs, à 100. écus de paye par année. Or il faut que vous remarquiez, s'il vous plaît, que ces Apointemens ne ſont pas ſi médiocres que vous pourriez vous l'imaginer ; car on vit plus commodément en Danemarc avec trente écus, qu'en France avec cent.

Outre les Forces Maritimes, dont je viens de parler, le Roy peut trouver au beſoin 24 Vaiſſeaux depuis 40. Canons juſqu'à prés de 60. que ſes Sujets ſont obligez de luy fournir à ſa volonté ; & dont ils ſe ſervent pour le Commerce d'Eſpagne, de Portugal, & de la Méditerranée. Il faut remarquer en paſſant que les Vaiſſeaux Danois de 50. piéces peuvent hardiment prêter le côté aux Vaiſſeaux Anglois ou François de 60. à cauſe de la groſſeur de leur Artillerie, & de la force de leur bois. Tous ces Bâtimens, dont je parle, ſont conſtruits à varangue demi platte, ce qui fait qu'ils ſont aſſez peſans de voile, leur mâture eſt groſſe & courte. Courte, pour ne pas ſombrer ſous les voiles, lorſqu'il s'agit de parer des Caps, des Iles, des Rochers & des Bancs, dans un gros temps ; & groſſe, afin de pouvoir

voir porter les voiles à tarc, en doublant ces Caps, ces Iles, &c. quand les vents fous & pesans de la Mer Baltique soufient avec impétuosité, les Matelots qui sont emploьyez au service du Roy de Danemarc sont bien nourris, & bien payés ; & ce qu'il y a d'avantageux pour ces gens-là, c'est qu'on leur donne dix ou douze écus de conduite, *Gratis*, outre leurs gages, dez-que la Flotte est rentrée dans le Port de *Copenhague*, pour desarmer. Cependant, il y a toûjours 3000. Matelots entretenus icy, & logez dans des Cazernes uniformes, situées aux extrémitez de la Ville. Finissons par les Monnoyes de ce Royaume.

Un Risdal Banque vaut 50. sous de Lubec.
Un Risdal Danois vaut 48. sous de Lubec.
Un Scletdal vaut 32. sous de Lubec.
Un Marc Dansch vaut 16. sous de Lubec.
Un Marc Dansch vaut 8. sous de Lubec.
Un demi-Marc Dansch vaut 4. sous de Lubec.
Un Sol de Lubec vaut deux Sous Danois; & deux Sous Danois valent 14. deniers de France. Faites vos réductions sur ce pied-là. Un Ducat d'or vaut ordinairement deux *Risdals* Danois, & quatorze Sous, quelque fois deux Sous plus ou moins. Le *Roseno-bel* vaut le double. C'est à dire deux Ducats. Le Loüis d'argent ou l'Ecu de France passe en Danemarc pour un *Risdal* Danois. Les demi & les quarts à proportion, aussi bien que les Loüis d'or. Les lieües de l'Ile de Zélande, sont composées de 4200. pas géometriques ; celles de Norwegue sont

 plus

plus grandes, & celles de *Holſtein* plus petites. l'Aune de *Copenhague* eſt d'un pouce & demi plus grande que nôtre demi-aune.

MONSIEUR,

JE partis de *Copenhague* trois jours aprez la datte de ma derniére Lettre, par la commodité des Carroſſes de Mr. de Bonrepaus, qui voulant éviter l'embarras du paſſage des deux *Belts*, prit les devans pour aller attendre à *Coldink* le Roy de Danemarc. Il faut que vous ſachiez que ce Prince fait tous les ans ce voyage en poſte, quoique ſa ſuite ſoit de mille ou douze cens perſonnes. Les Païſans des Villages ſituez ſur la route, ou aux environs, ſont obligez d'amener leurs chevaux à jour, & lieu nommé, pour être auſſitôt attelez aux Carroſſes & aux Chariots, qui contiennent ce nombre de gens avec leur bagage. Ces chevaux, quoique petits, ſont nerveux, forts, vigoureux, ramaſſez, inſenſibles au froid, & même aſſez legers pour aller au grand trot, preſque auſſi vîte qu'au Galop; la courſe ordinaire de ces Animaux eſt de deux ou trois lieus, auſſi bien que celle des ſoldats de Cavalerie, qui ſe trouvent à toutes les poſtes pour eſcorter le Roy des unes aux autres. C'eſt le 15. de Septembre que nous partîmes de *Copenhague* & nous arrivâmes dans trois heures à *Roskild*, ayant fait 6. lieües de 20. au degré. Nous n'eûmes que le temps de voir les Tombeaux des Rois de Danemarc, pendant que les Païſans ateloient leurs Chevaux aux Carroſſes, & aux Chariots.

Ces

Ces Mausolées de marbre, qui sont des chefs d'œuvre d'Architecture, sont ornez de bas Reliefs, & d'Inscriptions latines. Ces beaux Marbres bien polis sont de *Poros*, de *l'Afriquain*, du *Brocatelle*, du *Serpentin* & du *Cipollino*. Ces Tombeaux sont renfermez dans les Chapelles d'une Eglise antique qui apartenoit aux *Bénédictins*, avant que *Luther* se fit Chef de parti. Nous allâmes coucher ce jour-là à un Village prez du grand *Belt*, aprez avoir eû le plaisir de voir quelques beaux païsages sur la route. Le lendemain à huit heures du matin nous arrivâmes au Bourg de *Corsor* situé sur les rives de ce Détroit, & fortifié de gazon à queue. Dez-que nous fûmes embarquez dans le Yact destiné pour Mr. de *Bonrepaus*, nous évantâmes nos voiles, mais le vent étoit si foible, & la mer si tranquille, durant ce trajet de quatre lieues, qu'on eût beu sur le pont des razades sans verser. Dez-que nous eûmes mis pied à terre à *Nibourg*, qui est une petite Bicoque réguliérement fortifiée, nous montâmes en Carrosse, & le même jour nous allâmes coucher à *Odenzée* ville Capitale de l'Ile de *Fionie*. Elle est située au milieu de cette Ile, qui est une des plus fertiles du Royaume. L'Eglise de l'Evêché est, pour le moins, aussi belle que grande, les Roys de Danemarc résidoient autrefois dans cette ville-là, dont les habitans eurent la cruauté de massacrer un de ces Princes. La Noblesse de cette Ile dispute l'ancieneté à celle de Venise, sur tout la Famille de *Trool*, qui signifie sorcier, & dont les armes parlantes ſont un diable de ſable en champ de gueule; d'où je conjecture que ce *Leo rugiens* étoit plus traitable & plus illuſtre du temps des premiers ſiecles, qu'en celuy de * l'Auteur des ſept Trompétes, puiſque les Nobles ſe faiſoient honeur de le placer dans l'écu de leurs Armes Le 18. nous-nous mîmes en marche pour aller à *Midelford* où nous trouvâmes une Barque qui nous traverſa de l'autre côté du petit *Belt*, aprez avoir inutilement atendu plus de deux heures, les Chariots qui portoient les Domeſtiques & les Proviſions de Mr. de *Bonrepaus*. Dez-que le trajet fut fait, on nous aprit qu'ils s'étoient égarez, cependant la faim nous preſſoit tellement que nous fûmes obligez d'entrer dans la Maiſon d'un Métayer, où nous aprêtames nous-mêmes des grillades & des ameletes, qu'il fallut manger ſans boire. Car la biére de nôtre Hôte étoit auſſi déteſtable que ſon eau. Quelque temps aprez, les équipages arrivérent; comme il étoit déja tard, nous fûmes contrains de paſſer la nuit dans cette Maitérie. Le jour ſuivant nous arrivâmes à *Coldink*, où le Magiſtrat eut le ſoin de loger Mr. de Bonrepaus dans la plus belle Maiſon de la Ville, où le Roy arriva trois ou quatre jours aprez. Cette petite Ville eſt ſituée dans le Païs de *Jutlant*, ſur les rives d'un Golfe ſi peu profond, qu'il ne porte que des Barques. Cependant elle eſt conſidérable par la Doüane des Beſtiaux, qui raporte au Tréſor Royal prez de deux cens mille

* Vieux radoteur qui ſoûtient cent rêveries capables de renverſer l'eſprit des femmes.

mille *Risdals*. Le Château eſt une antique maſſe de Pierre, qui contient beaucoup de logement; mais ſa ſituation eſt tout-à fait avantageuſe; Car il eſt bâti ſur une Eminence d'où l'on découvre tous les Païſages d'alentour. Les Danois veulent qu'on croye ſur leur parole qu'un Ange fut envoyé du ciel dans la Salle de ce Château, pour avertir Chriſtian troiſiéme, Roy de Danemarc, que le bon Dieu ſe préparoit à le recevoir trois jours aprez cette notification. Ils ajoûtent que pour conſerver la mémoire de cette Viſion miraculeuſe, on mit dans l'endroit même où cet Ambaſſadeur céleſte eut l'audience de ce Prince, un grand poteau, que j'ay vû toutes les fois que j'ay eſté à la Cour; car c'eſt dans cette Sale-là que le Roy ſe faiſoit voir dans le temps que j'eſtois à *Coldink*. Nous en partîmes le 24. pour aller à *Rensbourg* où nous arrivâmes le 25. aprez avoir paſſé par pluſieurs petites Villes & Maiſons Royales, dont la deſcription nous meneroit un peu trop loin, Je me contenteray de vous dire, en paſſant, qu'on a beaucoup plus de plaiſir que de peine à courir la poſte dans ce Païs-là, ſoit en chariot, ſoit en Carroſſe, à cauſe de l'égalité du Terrain, où l'on trouve auſſi peu de cailloux que de montagnes. Le Roy ne fut pas plûtôt arrivé à *Rensbourg* qu'il viſita les fortifications de cette Place, qu'on pourra bien-tôt métre au rang des meilleures de l'Europe. Enſuite, il fit la reveüe d'un corps d'Infanterie & de Cavalerie, dont il eut ſujet d'eſtre content. Au bout de quelques jours, il prit la route de *Glucſtat*, qui

qui eſt une petite Ville ſituée ſur *l'Elbe*, & preſque auſſi régulierement fortifiée que celle dont nous venons de parler. Cependant, Mr. de *Bonrepaus*, qui ne pouvoit ſuivre ce Monarque, à cauſe des affaires qu'il devoit terminer à *Rensbourg*, avec Mr. l'Abbé *Bidal*, me donna des Lettres pour des Perſonnes par leſquelles il s'imaginoit que Mr. de Pontchartrain ſe laiſſeroit fléchir, mais il ſe trompa, comme vous l'aprendrez bientôt. Je n'eus pas plûtôt pris congé de cet Ambaſſadeur, que je m'en allay à *Hambourg*, où quelques Perſonnes m'avertirent que Mr. le Comte de *Cuniſſec*, Envoyé Extraordinaire de l'Empéreur à la Cour de Danemarc, ſollicitoit les Bourguemaiſtres de me faire arrêter. La choſe me parut aſſez vray-ſemblable, ſachant qu'il avoit pris feu contre moy à *Frederisbourg*, quelque temps auparavant, au ſujet de certaines illuminations qu'on fit en ce lieu là; ce qui m'obligea de me ſauver au plus vîte à *Altena*, où j'attendis un paſſeport de Monſieur le Duc de *Baviére*, ſans quoy l'on m'eût arrêté dans la Flandre Eſpagnole. Dez-que je le recus, il ſe préſenta l'occaſion d'un Carroſſe de retour, qui partoit pour *Amſterdam*, dans lequel je fus aſſez heureux de trouver une bonne place, à trés-bon marché, ſans être incomodé par le nombre de gens; Car nous n'eſtions que quatre, ſçavoir, un vieux Marchand Anglois, une Dame Allemande, ſa Femme de Chambre, & moy. Ce voyage, qui dura huit jours, m'eût duré huit éternitez, Sans l'agréable converſation de cette aimable Dame, qui parloit aſſez

assez bon François pour s'énoncer avec beaucoup de délicatesse. Imaginez-vous, Monsieur, que les routes de *l'Arabie* deserte ne sont peut-être pas si mauvaises que celles de la *Westphalie*, au moins il est seur qu'il n'y a pas tant de boue, mais c'est des gîtes dont je prétens vous parler, car il faut que vous sçachiez que ces Cabarets sont des Archihôpitaux, dont les Hôtes mourroient de faim, si les Etrangers n'avoient pas la charité de leur donner des vivres, dont ils sont obligez de se pourvoir chez de riches Maitayers, qui se trouvent de distance à autre. On doit se contenter de coucher sur la paille dans ces pitoyables Retraites, où les voyageurs ont la seule consolation de comander & de faire marcher l'hôte, l'hôtesse, & les enfans, comme bon leur semble. On est trop heureux d'y trouver une poile, & un chauderon pour faire la cuisine. Il est vray que le bois n'y manque pas; & comme les cheminées sont isolées, & construites en quarré, vint personnes s'y peuvent chauffer à leur aise. Cependant, j'admirois la patience de cette Dame, qui, bien loin de se plaindre des incomodités du voyage, se faisoit un plaisir de voir pester le Marchand Anglois, sa femme de Chambre, & moy. Je conjecturai par son air & par ses manieres qu'elle étoit femme de qualité, en quoi je ne me trompai pas; car j'apris aprés que nous-nous fûmes séparez qu'elle étoit Comtesse de l'Empire. Elle conoissoit si bien le génie des François que je ne doutai pas qu'elle n'eût esté à Paris; ce qui m'en persuada le plus, c'est qu'elle me parla comme fort sçavante des premiéres

 Perso-

Persones de la Cour. D'ailleurs, elle avoit un vieux Domestique François & Catholique, qui n'entendoit presque point l'Aleman. Elle étoit grande, bien faite, avec assez d'embonpoint, & même si belle qu'elle fit en vain tout ce qu'elle put pour me persuader qu'elle avoit cinquante cinq ans. Elle ne pouvoit souffrir qu'on luy dît que la fraîcheur de son tein sembloit luy donner un démenti. Elle prenoit cet aveu pour une injure, prétendant que les charmes d'une femme de cinquante ans sont trop ridés pour causer de l'admiration. Chose singuliére & bien extraordinaire! Car les personnes de son séxe ne sont guére acoûtumées à tenir ce langage, puisqu'elles aimeroient mieux qu'on attaquât leur vertu que leur beauté. Quoiqu'il en soit, elle me parut fort prévenue contre les gens de nôtre Nation, qu'elle traitoit d'indiscrets & d'évaporéz, se récriant toûjours sur la mauvaise opinion qu'ils ont des Allemans. Comment, disoit-elle, est-ce que les François ont l'audace de leur disputer le bon esprit, en les prenant pour des gens grossiers & materiels, au lieu de les prendre pour des gens de bons sens & de réflexion, qui pénétrent le fond des choses avec beaucoup de jugement? Quoy donc, continuoit elle, faut-il être François pour avoir de l'esprit; faut il avoir cette vivacité & ce faux brillant qui ébloüit avec un vain éclat? Faut-il avoir le feu d'une imagination prompte & subtile pour débiter des sornetes avec des paroles dorées? Non non, cette délicatesse d'expressions est de la créme

foüé-

foüétée ; il s'agit, pour rendre justice aux uns & aux autres de céder aux François la sçience de bien parler, & aux Allemans celle de bien penser. Cette Dame n'en demeura pas là ; car ayant attaqué vigoureusement la fierté de la Nation, elle la traita de vaine & d'orgueilleuse, dont la présomption & la vanité sont les moindres défauts. Vous voyez par-là, Monsieur, qu'il falloit qu'elle eût été en France, & d'autant plus qu'elle sçeut fort bien me dire que les François insultoient les Allemans par ces proverbes ridicules. *Cet homme entend aussi peu raison qu'un Alleman, il m'a fait une quérelle d'Alleman. Il me prend pour un Alleman. Cette Femme est une bonne Allemande*, pour dire qu'elle est sotte & naïve. Cependant; je tâchois de la dissuader, en luy remontrant qu'elle devoit faire une grosse différence entre les François raisonnables & ceux qui sont assez fous de s'imaginer, qu'ils sont les modéles sur lesquels toutes les autres Nations doivent se former. Je la priai de se deffaire de ses préjugez, & de croire que les gens d'esprit font beaucoup d'estime des Allemans, dont on peut loüer le mérite, la probité, le bon sens, & la bonne foy. Effectivement, Monsieur, on ne peut refuser ces bonnes qualitez aux gens de quelque distinction parmi eux ; aussi l'étimologie du mot *all* qui signifie *tout*, & *man* qui veut dire *homme*, fait voir qu'ils sont propres à tout faire, comme les Jésuites, à qui l'on a donné cet titre de *Jésuita omnis homo*, ce qui fait, par une plaisanterie sophistique, que tous les Jésuites sont

Allemans. Je n'en demeurai pas là, car je l'assûrai que nous les considérions par mille beaux endroits, leur estant redevables d'avoir trouvé les propriétes de l'aiman, sans quoy il eût été impossible de faire la découverte du Nouveau Monde ; d'avoir inventé l'Imprimerie, sans quoy l'on auroit pris des Manuscrits fabuleux pour des Ecrits divins ; & d'avoir enfin trouvé l'invention des Horloges, de la fonte des Canons, & des Cloches. Ce qui prouve clairement qu'ils ont beaucoup d'industrie & de capacité. J'ajoûtai à cela que l'Allemagne a produit des soldats dont la valeur & l'intrépidité ont fait trembler le Capitole, aprez avoir deffait les Consuls Romains, & soûtenu vigoureusement les efforts du courage & de la puissance des Légions Romaines. Que l'Allemagne n'a pas esté moins fertile en Savans, à la teste desquels on peut métre *Juste Lipse*, *Furstemberg*, Mr. *Spanheim* & *Melanchton*. A ce mot de *Melanchton*, la Dame m'interrompit; en me disant qu'elle étoit surprise de ce que les François reprochoient aux Allemans le vice de trop boire, pendant qu'on pourroit leur reprocher celuy de Platon avec le jeune *Dion*, & *Agathon*. J'estois prêt à lui répondre, que si les François étoient du goût de ce Philosophe, c'estoit seulement pour aimer aussi constamment des Femmes surannées qu'il aima sa vieille *Archeanasse*; mais je me contentai de luy dire que les Allemans se sentant offencez du tître de Beuveurs, supposoient aux François l'amour *Platonique*, pour les rendre odieux aux personnes de son Séxe. Il n'en falut pas d'avanvantage pour les justifier, car elle se paya de cette raison. Au reste, elle avoit de l'esprit infiniment, & même elle estoit si aimable à un âge si avancé que si *Balzac* l'eût vûe, il ne se seroit pas avisé de dire qu'il n'a jamais peu trouver de belle Vieille en sa vie. Il falloit, sans doute, que cet Oracle de la Gascogne entendît par ce mot de Vieille une femme de 70. ans : Car j'en ay veu trois ou quatre à l'âge de 60. d'une beauté achevée sans rides & sans cheveux blancs ; dont les yeux servoient encore de retraite à *Cupidon*. Je ne fus pas plûtôt arrivé à *Amsterdam*, que je loüay le *Rouf* du Bateau de nuit de *Rotterdam*, qui part tous les jours à trois heures aprez midi, de l'une de ces villes pour aller à l'autre. J'en fus quitte pour un écu que je ne regrétai pas. Car j'eus la commodité de dormir avec beaucoup de tranquillité durant la nuit, sur des matelats que le Patron est obligé de fournir aux Passagers qui louent cette petite chambre. Le lendemain de mon arrivée à *Rotterdam*, je m'embarquay pour la Ville *d'Anvers*, dans une *Seméle* qui est un Bâtiment à Varangues plattes, & à seméles, où l'on ne paye que demi pistole pour Maistre & Valet. Cette navigation seure & commode se fait jusques là par le secours des Marées & des vens favorables ou contraires, entre la Terre ferme & les Isles Hollandoises. Je me servis *d'Anvers* à *Bruxelles* du Bateau ordinaire, qui est une espéce de Coche d'eau tiré par un Cheval. Dez-que j'arrivay à *Bruxelles*, on me conseilla de prendre la poste pour *l'Isle*, parce que les Voleurs ne laissoient

guére

guere passer des Carosses & des Chariots sans dépouiller les gens qu'ils y trouvoient. Je profitai de cet avis, & par ce moyen j'evitai ce qui n'eût pas manqué de m'arriver, si je l'eusse rejetté. Enfin, deux jours aprez mon arrivée à l'Isle, je pris le Carrosse qui part deux fois la semaine pour cette bonne Ville de Paris, où j'arrivay la semaine passée aprez avoir esté bien écorché par les impitoyables Hôtes de la route. Ils ne font non plus de quartier aux Voyageurs qui ne marchandent pas ce qu'ils mangent, que les Doüaniers de *Perrone* à ceux qui ne déclarent pas ce qu'ils portent. La visite qu'ils font est si exacte, que non contens de vuider les Cofres & les malles, ils foüillent les gens depuis la teste jusqu'aux pieds; les femmes grosses leur sont si suspectes, qu'ils glissent quelquefois la main où l'on glisse autre chose. Et si quelqu'un porte du tabac en poudre, du Thé, des Etofes des Indes, ou des Livres de Hollande, tout son bagage est confisqué. Je ne fus pas plûtôt arrivé icy, que j'allay à *Versailles*, pour donner les lettres dont Monsieur de *Bonrepaus* m'avoit chargé. Les Persones à qui elles s'adressoient firent en vain tout ce qu'elles pûrent pour obtenir de M. de *Pontchartrain* que je justifiasse la conduite que j'avois tenue à Plaisance. Il leur répondit froidement, que l'esprit roide & infléxible du Roy ne recevoit jamais de justifications d'un Inférieur envers son Supérieur. Or cette réponse, qui ternit en quelque façon, l'éclat du mérite & la judicieuse conduite d'un si

sage

ſage Prince, me fit bien connoiſtre que ce Miniſtre étoit moins ſévére par principe d'équité, que pour ſuivre la dureté de ſon naturel *Iroquois*. Cependant, je penſai mourir de chagrin, quoique tous mes Amis tâchaſſent de me conſoler, en me conſeillant de m'élever au deſſus de ma mauvaiſe fortune, juſqu'au changement de Gouvernement. Ils ne balancérent point à me perſuader de chercher quelque azile où je pûſſe être à couvert de la fureur de Mr. de *Pontchartrain*, pendant qu'il plaira à Dieu de le laiſſer vivre pour lui donner le temps de ſe convertir. *Je ne veux pas que le pecheur meure, mais je veux qu'il ſe convertiſſe &c.* Cette exhortation eſt d'une belle ſpéculation, mais peu eficace lorſqu'il s'agit d'attendre ſi long temps, ſans autre reſſource que le tréſor du fond de la boëte de *Pandore*. Adieu; Monſieur, je partirai inceſſamment pour ma Province, où je ne ferai que paſſer comme un éclair; je ne vous écris pas le reſte, me contentant de vous dire ſimplement que je ſuis,

Monſieur,

Vôtre, &c. A Paris ce 29. Decembre 1694.

MONSIEUR,

VOus ſerez bien ſurpris d'aprendre que je ſuis à la veue d'une Terre dont il ne me reſte que le nom. Mais ce qui ſuit vous ſurprendra d'avantage, c'eſt que toutes les re-

recommandations des premieres Personnes de la Cour n'ont pû toucher le cœur de Monsr. de Pontchartrain, tant il est prévenu contre moy. Il est question de vous dire qu'étant parti de Paris avec bien du mécontentement, j'allai m'en consoler, quelques mois, dans une certaine Province du Royaume qu'il vous sera trés facile de deviner. De là je fis un saut droit à la Rochelle, où je m'embarquai sur un Bateau qui porte ordinairement des Passagers à la *Tremblade*. Je me trouvai dans cette Voiture dans la Compagnie d'un Moine blanc, dont l'histoire est trop singuliére pour n'en pas dire quelque chose. Il s'apelloit *Don Carlos* Baltazar de Mendoza; il est fils d'un bon riche Gentilhomme de Bruxelles; il est âgé d'environ trente trois ou trente quatre ans, & pour le moins aussi haut & aussi maigre que moy. Il servit trois ou quatre ans le Roy d'Espagne en qualité de Capitaine de Cavalerie, & comme il s'attachoit plus à l'étude des Sçiences qu'à celle de plaire au Gouverneur général des Païs-Bas, sa Majesté Catholique luy refusa un Régiment que son Pére ofroit de lever à ses dépens. Ce refus l'obligea de quitter le service; ensuite ses parens le voulant marier, il alla se faire Moine en Allemagne, & quelque temps aprez il jetta le froc aux orties. Les gens qui m'ont conté son histoire, m'ont assuré qu'il avoit repris & laissé plusieurs fois son froc. Quoiqu'il en soit, on peut dire que ce Moine est un des habiles hommes de son siécle. Il posséde aussi parfaitement les meilleures Sciences, que les principales Langues

gues de l'Europe. C'eſt un aveu qui eſt ſorti de la bouche des plus fines gens de Bourdeaux, qui luy rendirent pluſieurs viſites dont je fus le témoin, car nous logeâmes enſemble dans cette ville-là. Le meilleur de l'affaire, c'eſt que le lendemain de noſtre arrivée deux Marchans de ſon Païs luy contérent de beaux Loüis d'or, d'une partie deſquels il ſe défit en faveur des Soldats du Château Trompéte, qui n'auroient jamais creu qu'un homme d'Egliſe pût être ſi libéral envers des gens de guerre. Tous les Théologiens, Mathématiciens, & Philoſophes qui le viſitérent étoient ſi charmez de ſon ſçavoir, qu'ils avouoient que l'homme du monde le plus ſubtil & le plus pénétrant ne pourroit jamais aquérir aprez une étude de 60. ans, les connoiſſances de celuy-ci. Nous demeurâmes quinze jours à Bourdeaux, ſans qu'il eût la curioſité de voir autre choſe qu'une petite Egliſe du Voiſinage, & le Château Trompéte. Il liſoit & écrivoit inceſſamment: mais pour de Breviére, *neſcio vos*. Je croy même qu'il n'en portoit pas. Car il n'eſtoit ni Diacre, ni Preſtre. Pour ce qui eſt de ſon Ordre, il ne m'a pas eſté poſſible de le ſçavoir; car quand je le luy ay demandé, il m'a répondu, *Je ſuis Moine blanc, & rien plus*. Nous prîmes tous deux place dans le Carroſſe de Bayone (car il s'en va en Eſpagne) & lorſque nous arrivâmes à *l'Eſperon*, nous nous ſéparâmes, & je pris la route de *Dax*, & luy celle de *Bayone*. Je ne fus pas plûtôt arrivé dans la maiſon Champêtre où je ſuis, que je recûs une infinité de viſites, dont

dont j'aurois bien peu me passer ; car j'ay la teste si pleine des contes de vigne, de jardinage, de chasse, & de pêche, dont on me parle depuis quatre jours, qu'à peine ay-je l'esprit assez libre, pour vous dépêcher cet Exprez, & pour vous faire un détail des affaires qui m'obligent à vous demander une Entreveüe; mais ce qui me trouble d'avantage, est l'impertinente folie de nos plus sages Compatriotes. Car ces bonnes gens tant Prestres, Gentishommes, que Païsans ne font que me parler de Sorciers, depuis le matin jusqu'au soir, & même ils vous citent en particulier comme l'homme du monde à qui les Sorciers ont fait le plus de niches. Enfin, pour peu qu'ils continuent à me débiter leurs chiméres, je croi que je deviendrai Magicien. Ces Visionaires m'assûrent d'un grand sérieux que tel & telle sont Sorciers, quelques-uns jurent de bonne foy qu'ils le sont eux-mêmes, d'autres me disent en consçience, qu'ils l'ont été, & qu'ensuite ils ont quitté le sabath. Je demande aux uns & aux autres les charmes de ce sabath ; ils me répondent que c'est un Palais où l'on trouve les meilleurs Vins, les plus beaux repas, les plus belles Femmes, & la plus agréable simphonie qui soit sous le Ciel ; qu'on y boit, qu'on y mange, qu'on y danse, & qu'on y fait avec les Dames ce qu'on peut bien faire ailleurs sans être sorcier. Enfin, je ne croy pas qu'il soit permis aux Bêtes d'être si Bêtes que ces Foux-là. Ceci surpasse l'imagination, car enfin, on s'appelle icy sorcier, comme ailleurs on s'appelleroit Camarade.

Tout

Tout le monde en croit le nombre si grand qu'il est honteux à un homme de ne point passer pour tel ; Ainsi chacun se fait gloire de porter ce vénérable Titre de Sorcier. On me prend pour un Athée, depuis que je suis icy, parceque je me tue de dire à nos Prêtres & à nos Gentishommes qu'il n'apartient qu'aux Cerveaux creux de donner dans le paneau de ces rêveries. Mais ce qui me désespére, c'est qu'ayant autant d'esprit que vous en avez, vous puissiez vous même gober ces folies si monstrueuses, malgré cent raisons contraires à cette ridicule opinion. Sçachez, Monsieur, qu'il faut absolument nier la toutepuissance de Dieu, si l'on établit dans le monde les Sorciers, les Magiciens, les Devins, les Enchanteurs, les Spectres, les Fantômes, les Farfadets, les Lutins, & le Diable visible que nous mettons à la queue de toutes ces chiméres. C'est avoir peu dé religion, d'esprit, & de sagesse de croire que Dieu se serve de Sorciers & de Magiciens pour faire du mal aux hommes, & aux biens de la Terre. Il n'y a que les Européans capables de croire ces sotises. Chacun se fait un plaisir de conter ces visions. Il ne se trouve personne qui n'ait veu, ou entendu quelque Esprit en sa vie. Peu de gens vont à la source de ces erreurs populaires. On se feroit un scrupule de croire que ce sont des inventions des Prêtres Idolâtres, & Chrêtiens ; on a trop bonne opinion des gens d'Eglise pour leur imputer cela ; & si par hazard il se trouve un homme persuadé de la fourberie des Prêtres qui faisoient

ſoient parler les Oracles, pour excroquer la bourſe des hommes, & les cuiſſes des Femmes, il ſe trouvera cent ignorans qui ne le croiront pas. Croyez-moy, Monſieur, j'en demeure à ces anciens Prêtres, pour ne pas vous ſcandalizer par les induſtries des Modernes; j'ay la Marmite du Pape trop en tête pour l'empêcher de boüillir; car elle pourroit bien eſtre un jour ma derniére reſſource, ainſi je dois me taire. Ceci méritercit une Diſſertation claire & diſtincte; peut-être l'aurez vous de moy quelque jour. Cependant aprenez, s'il vous plaît, qu'un * Eſprit fort ne ſçauroit jamais ſe laiſſer perſuader qu'il y ait des Sorciers &c. ſur tout en conſiderant qu'ils ſont tous gueux comme des Rats d'Egliſe; & comment eſt ce que ces Coquins auroient le courage de ſe fier à un Maître qui les laiſſe pendre & brûler, bien loin de leur enſeigner des tréſors cachez, & mille autres ſecrets dans le commerce du monde, qui pourroient les enrichir? Comment peut-on croire, je vous prie, que Dieu donne le pouvoir à ces gens là d'exciter des tempêtes, de bouleverſer les élémens? On prétend que le diable les engage par des promeſſes, & qu'il fait des pactes avec eux ſous ſeing privé; ſi cela étoit-il s'enſuivroit que Dieu donne le pouvoir au Diable de ſéduire les miſérables Mortels, ce qu'il ne ſçauroit faire ſans authori-ſer

* J'appelle Eſprit fort un homme qui aprofondit la nature des choſes; qui ne croit rien que ce que la raiſon a meurement examiné, & qui ſans avoir égard aux préjugez, décide ſagement les affaires dont il s'eſt éclairci à fond.

ïer le mensonge. Ainsi, c'est insulter en forme la sagesse de Dieu, de prétendre qu'il arme l'Ennemi dn Genre-humain contre les hommes. Il n'apartient qu'aux Cerveaux creux & propres à recevoir toutes sortes de rêvêries, de croire comme des Articles de Foy, la méchanceté des Sorciers, l'industrie des Magiciens, le pouvoir des Enchanteurs, l'apparition des Esprits, & la souveraineté du Diable, puis que tout cela ne se trouve que dans l'imagination des Fous & des Cagots. Il est bon que la populace se repaisse de ces chiméres; les gens qui les prêchent y trouvent leur compte par tout païs; faites un peu d'attention à ceci, & vous trouverez que j'ay raison. Il ne falloit autrefois qu'être Philosophe ou Mathématicien pour être Sorcier. Les sauvages croyent qu'une montre, une boussole, & mille autres machines sont meues par des Esprits. Car les peuples ignorans & grossiers se forment des idées extravagantes de tout ce qui surpasse leur imagination. Les Lappons & les Tartares Kalmoukes ont adoré des Etrangers, pour leur avoit vû faire des tours de gibeciére. Le mangeur de feu de Paris a passé trés-long temps pour un Magicien. Les Portugais brûlerent un Cheval qui faisoit des choses merveilleuses; & son Maître l'échapa belle, parce qu'on le croyoit un peu Sorcier. En Asi: les Chimistes sont reputez empoisonneurs; en Afrique les Mathématiciens passent pour des Enchanteurs; en Amerique les Médecins sont regardez comme des Magiciens, & en quelques endroits de l'Europe ceux qui possédent la langue Hebraique sont acusez d'être Juifs. Revenons aux Sorciers;

quelle

quelle apparence y a-t-il que ces gens-là voulussent donner leur ame au Diable, pour les plaisirs imaginaires du sabat, pour empoisonner des Bestiaux, pour faire tomber des orages de grêle sur les bleds, pour élever des Vents furieux qui renversent les arbres, & les fruits? Ne lui demanderoient ils pas plûtôt des richesses? Car enfin, si le Diable a le pouvoir de bouleverser les Elemens, & d'interrompre le cours de la Nature, pourquoy n'auroit-il pas celui de tirer de l'or des Mines du Perou, ou des Trésors de l'Europe, pour faire des pensions à tous ces Sorciers, qui sont gueux comme des Rats d'Eglise. Vous me répondrez que les piéces d'argent se convertissent dans les mains du diable en feüilles de Chêne; or cette raison détruit le pouvoir qu'il a de faire tant de merveilles, & même celuy qu'il communique aux Sorciers. Mais supposons qu'il ne luy soit pas permis de manier de l'argent, ne pourroit il pas, étant aussi sçavant qu'on le fait, leur enseigner les moyens d'en aquérir dans le Commerce & dans les Jeux, leur indiquer les trésors cachez ou perdus par le naufrage des Vaisseaux, ou du moins leur donner le même secret qu'au Magicien *Pasetes*, qui faisoit revenir dans sa bourse l'argent qu'il avoit dépensé? Vous trouverez des gens qui vous soûtiendront que le Diable s'est servi de la goetie trés-long temps avant le Déluge, pour précipiter les peuples dans une idolatrie magique; mais si vous menez ces Docteurs de conséquence en conséquence, il s'ensuivra que Dieu seroit d'une malice atroce; ce qui ne sçauroit

roit estre. Ne vous étonnés pas, Monsieur, de ce que je nie à cette heure les Magiciens, aussi bien que les Sorciers ; je le fais parce que, à mon avis, si l'on convenoit des uns, il faudroit convenir des autres. Il n'y a point d'homme au monde qui ne prenne *Agrippa*, pour le Prince des Magiciens ; cependant il ne l'estoit non plus que vous. Voici en quoy consistoit sa Magie. Ce Philosophe des plus habiles de son siécle ayant donné des preuves de son sçavoir, en présence de la Canaille de Lion, les Femmes en furent si charmées, qu'elles se servirent presque toutes de luy pour coëffer leurs Maris, il eut quelques Religieux Démonographes pour Rivaux, qui le mirent aussitôt à la tête des cinq Papes que le Cardinal schismatique *Benno* a eu l'insolence de traiter de *Magiciens*. Cependant, le Livre d'Agrippa fait autant d'impression sur l'esprit des sots, que le Grimoire, les clavicules, & que le Heptameron de Pierre *d'Apono*. Toutes ces chiméres viennent des impertinens Démonographes, qui ont rempli toute la terre d'illusions, par malice, ou par ignorance. Je ne sçaurois lire les Livres de Jean *Nider*, de *Uvier*, de *Niger*, de *Sprenger*, de *Platine*, de *Tostat*, & des Jésuites *del Rio*, & *Maldonat*, sans les maudire éternellement, car ils soûtiennent des absurditez si contraires à la Raison & à la sagesse de Dieu, que les Princes Chrestiens devroient faire une recherche de tous ces Exemplaires, pour les faire brûler par la main du Bourreau, sans épargner la Démonomanie de Jean *Bodin*, le Maillet des Sorciers, & les sept Trompétes. Quelle apparence y a-t-il qu'*Eric* Roy des Gots fût surnommé *Chapeau venteur*, à cause qu'il appeloit tous les vens avec son chapeau, les faisant tourner vers la partie du Monde que bon luy sembloit ? Que *Paracelse* eût une Armée de Diables sous son commandement; Que *Santabarenus* fit voir à l'Empéreur Basile son fils en vie, quoiqu'il fût mort; Que *Michel l'Ecossois* prédit à l'Empereur Fréderic II. le jour qu'il mourroit à *Fiorenzola* dans la Poüille, que *Pithagore* fit mourir un serpent en Italie, par la vertu de certaines paroles magiques ? Cependant ces Auteurs soûtiennent cent mille fables de cette nature, comme des Véritez incontestables. Mais ce que *Gervais* soûtient de la mouche d'airain de Virgile, couronne l'œuvre. Je m'étone qu'un Chancelier de l'Empéreur Othon ait pû montrer son extravagance par cette fausseté, suivie de mille autres; cela vous fait voir que la Dignité de Chancelier n'a pas toûjours la vertu de rendre sages tous ceux qui en sont revêtus. N'avons-nous pas oüy dire cent fois que le Diable avoit emporté le Président *Pichon*? Persone ignore-t il le pacte de Mr. le Maréchal de Luxembourg; & ne croit on pas aveuglément que le pauvre * *Grandier* fit sortir cent diabletins de l'enfer, pour entrer dans le corps des Réligieuses de Loudun? Quelles impertinentes sotises allégue Jean *Schefer* dans son

* Curé de Loudun que la tiranie du Cardinal de Richelieu fit périr par le feu, sans avoir commis d'autre crime que celuy de luy avoir déplû.

ſon Hiſtoire de la Laponie? Cela n'eſt-il pas étonant qu'on permet la lecture de ces livres? N'y a-t-il pas des gens aſſez fous pour croire ces Chiméres, comme des articles de Foy? Les desabuſerez-vous, & vous ſera-t-il poſſible de les perſuader qu'il n'y a point de Noüeurs d'éguillete, d'Empſalmiſtes qui gueriſſent les playes par des paroles, de Vendeurs de Caractéres, qui par la vertu de certaines fioles, jarretiéres, &c. font des miracles de toutes eſpeces? Non, Monſieur, vous n'en viendriez jamais à bout. On vous prendroit pour un Hérétique; ou tout au moins pour un Magicien, qui butteroit par cette fineſſe à mettre à l'abri des pourſuites de vôtre Parlement toute la Confrairie Magique. Croyez moy, Monſieur, tout ce que je vous écris eſt poſitif, le Diable n'a pas le pouvoir de ſe manifeſter à nos yeux; par conſéquent il ne ſçauroit nous attirer dans ſon parti, par des conventions de Magie, ou de ſortilege; cela repugneroit trop à la bonté de Dieu, qui ne tend point de pieges aux hommes deja ſujets à tant d'égaremens, par leur propre miſere. Mon intention, comme vous voyés, n'eſt pas de nier le Diable, car je croy qu'il eſt aux Enfers; mais je nie qu'il ait jamais ſorti de ce païs-là, pour venir faire du ravage en celuy-ci. Vous aurez beau m'alleguer les paſſages de l'Ecriture; je vous répondray que ſi vous les preniez tous à la lettre, vous doneriez des pieds & des mains à Dieu, & même il faudroit que vous fiſſiez parler le St. Eſprit comme un Iroquois. Il faut que vous ſcachiez qu'avant l'arrivée du Messie, les Demons étoient des Dieux bénins & Tutelaires, & ce mot de δαιμονία ne signifioit autre chose que les bons Genies. Mais les Evangelistes les ont rendus infernaux, en leur donnant l'épithete de κάκα, qui veut dire méchans. Ce qui fait que depuis ce temps-là les bons Diables sont devenus malins, selon le sens litteral. Vous voyez donc, Monsieur, que je ne m'obstine qu'à nier les Sorciers, les Magiciens, les Enchanteurs &c. Cela m'est d'autant plus facile que les Intreprétes de l'Ecriture sainte les appellent indiféremment Astronomes, Chiromanciens,& Astrologues. De sorte que par l'explication de ces mots sinonimes, ils n'ont jamais prétendu dire que ces gens-là fussent les Ecoliers du Diable; ceci mériteroit une Dissertation fort étendue. Car la matiére est un peu délicate. Je me contente de l'éfleurer en passant, sans m'arrêter plus long-temps à justifier des Criminels d'un Crime imaginaire,qu'il est impossible de commétre effectivement. Croyez moy, Monsieur, les Magiciens sont ces Filoux qui coupent adroitement la Bourse, & qui décrochétent les portes avec la même subtilité; les Spectres, les Fantômes, les Lutins, les Farfadets & les Esprits sont ces Marauts de valets qui volent de nuit les fruits du jardin, le bled du grenier, l'avoine de l'écurie, qui caressent les servantes, & peut-être, la femme de leur Maître. Les Enchanteurs sont ces Coureurs de Ruelles, ces Soupirans en titre d'office, qui sous promesse de mariage, atrapent les sottes filles, qui donnent

dans

dans le pancau de leurs Enchantemens. Les devins ſont ces fins Ecclésiaſtiques qui connoiſſant la foibleſſe d'eſprit de certains Richards leur extorquent des legs pieux , avec leur dextérité ordinaire ; & les Sorciers ſont ces faux Monoyeurs dont nôtre Païs eſt aſſez fertile , auſſi bien que de ces Rogneurs qui font la barbe ſi adroitement aux Piaſtres & aux Piſtoles d'Eſpagne; car c'eſt juſtement durant la nuit, & dans les lieux les plus cachez qu'ils font ces operations ſabathiques. Je vous dis tout ceci pour en être bien informé. Aprez cela vous en croirez tout ce qu'il vous plaira. Je ſçay que les Bearnois ont un peu de penchant à la ſuperſtition;ils en ſont redevables aux anciens Membres de leur * Parlement,qui pouſſez d'une cruauté pire que celle de Néron , ont fait brûler tant de pauvres malheureux Innocens. Si ces enragez Conſeillers ſont en Paradis , il eſt ſûr que vous ni moy n'irons jamais en enfer. Croyez moy , tout homme qui ſera capable de croire les chiméres dont il eſt queſtion , ne héſitera pas à gober cent mille autres fables , dont les gens d'eſprit ſe moquent fort ſagement.Mon intention n'eſt pas de deſabuſer le Vulgaire ignorant , car ce ſeroit vouloir prendre la Lune avec les dents. Ce n'eſt qu'à vous à qui j'en veux; car vous jurez (à ce qu'on dit) que tous les Chats de la Province ont l'honeur d'être animez par les ames de ces anciens Sorciers,dont les cendres ont ſervi ſi long temps aux Blanchiſſeuſes de *Pau* pour faire la leſſive. Vôtre ſalut ne dépend pas de cette créance. Car ce n'eſt pas un Arti-

* *Pau* Capitale du Bearn Province de France.

cle de foi. On se fait grand tort à soy-même d'ajoûter foy à ces fornétes d'apparitions. C'est être ingénieux à se faire peur, en se mettant dans l'esprit qu'un Diable se transforme en Dogue, un Sorcier en Chat, un Magicien en Loup, & qu'une Ame du Purgatoire préne toutes sortes de figures pour mandier des priéres à des Vivans, qui sont assez embarrassez à prier Dieu qu'il les exauce eux-mêmes. Dez-qu'on croit ces visions, on ne sçauroit coucher seul dans une Maison, le bruit d'un Rat sufiroit pour faire glacer tout le sang dans les veines d'un homme comme vous. Car une imagination épouvantée tremble à la veue de ses propres chiméres. Outre le mal qu'on se fait à soy-même, on en cause beaucoup aux autres, par le récit qu'on fait de mille avantures impertinentes & ridicules. Les esprits foibles les avalent comme de l'ipocras, on intimide tellement les femmes qu'elles sont obligées de faire coucher avec elles, en l'absence de leurs Maris, des gens assez résolus pour faire tête aux Sorciers, aux Magiciens, aux Spectres &c. Les jeunes filles ne sçauroient aller verser de l'eau, si quelque Laquais bien armé ne les accompagne le flambeau à la main. Enfin, il arrive de ceci mille choses fâcheuses, dont les Voleurs, les Scelerats, & les Paillards profitent avantageusement. Pour moy je jureray de bonne foy que je n'ay jamais de ma vie rien vû, ni entendu de surnaturel, pendant la nuit, en quelque Païs que je me sois trouvé. J'ay fait tout ce que j'ay pû pour voir ou entendre quelque nouvelle de l'autre monde. J'ay traversé plus de cent

fois

fois à minuit le Cimetiére de Quebec, en me retirant seul à la basse Ville, & je n'ay jamais rien aperceu; mais supposons que j'eusse veu quelque fantôme, (excusés la supposition) sçavez vous ce que j'aurois fait? Le voicy. J'aurois passé mon chemin l'épée nue sous le bras, fort tranquillement. Si le Spectre eût esté à côté, & s'il se fût posté dans le milieu du chemin, je l'aurois prié fort honêtement de me laisser passer. Vous répondrez à cela, que les épées & les Pistolets sont fort inutiles en ce cas-là; je l'avoüe: mais il seroit arrivé de deux choses l'une, qui est que si c'eût été un Spectre (ma supposition continuant) j'aurois aussi peu blessé de mon épée une Ombre, une vapeur, que cette ombre & cette vapeur auroit pû me blesser; & si c'eust esté quelque Vivant sous une figure hideuse, mes armes auroient produit l'effet de châtier un insolent. Remarquez, s'il vous plait, que dans tous les contes d'apparitions d'Esprits, de Fantômes, de Lutins &c. Vous n'avez jamais esté tué ni blessé, (au moins n'en avons nous jamais veu) si donc ces prétendus Ambassadeurs d'enfer, ont les bras si mous, pourquoi les craindrons nous davantage que les éclairs afreux qui précedent les éclats du Tonerre? Car enfin, une homme sage ne doit naturellement craindre autre chose que ce qui peut lui nuire directement ou indirectement. Cependant (me direz vous) il faut qu'il y ait quelque chose à cela, que je ne conçoi pas, puisqu' un homme de guerre reconnu pour brave & pour intrépide en cent occasions, a trem-

tremblé, pâli, & sué de frayeur, à la veüe & au bruit d'un jeu de Fantômes vivans, qui prétendoient se divertir à ses dépens. Je conviens que cela peut arriver, puisque cela est déja arrivé à des gens de courage. Mais cela provient de ce qu'ils ont donné dans les visions dez leurs plus tendres années, & qu'ils s'y sont toûjours entretenus, sans se donner la peine de bien examiner s'il pôuvoit y avoir des Spectres, ou non. Ils ont crû ce que les autres gens bornez croyent de la puissance du Diable, en un mot, ces gens-là ne craignent uniquement que leur imagination. C'en est fait, je m'arrête là, car le temps presse. Je dois travailler sans cesse à mes affaires. Dieu veuille que je ne trouve point de Chicaneurs en mon chemin, car on ne se tire pas si bien d'affaire avec eux, qu'avec les Sorciers & les Fantômes. Je vous demande une entreveue à *Orthez*. Les papiers qui accompagnent cette lettre vous diront le fait dont il est question. Je voy que ce Païs est bon, mais, entre nous, la monoye ni galope guére, c'est ce qui ne m'accommode pas; car on ne vit pas sans argent parmi les Européans, comme on fait parmi les Hurons de Canada. Je regréte ce Païs-là toutes les fois que la marée décend de ma Bourse, pour faire Place aux inquiétudes & aux soucis que j'ay pour la remplir de ce précieux métal, qui donne de la joye & de l'esprit, & toutes sortes de beaux talens

lens aux hommes les moins hommes. Sur cela je ſuis,

Monſieur,

Vôtre &c. à Erleich.

Le 4 Juillet, 1695.

MONSIEUR,

POur le coup je ſuis ſauvé, aprez l'avoir échapé belle, comme vous l'aurés ſans doute apris, lorsqu'on vous aura donné des nouvelles de ma fuite, dont voicy le détail, en fort peu de mots. J'étois prêt à me trouver au Rendez-vous que je vous avois donné à *Orthez*, & pour cet effet j'avois eſté à *Dax*, où je devois recevoir des papiers, qui me paroiſſoient fort utiles; quand, pas un bonheur ſans égal, une lettre d'une certaine perſonne de Verſailles me fut rendue. Je ne l'eus pas plûtôt leüe que je pris le chemin de mon Auberge, afin de méditer les moyens de ſortir du Royaume, ſans être pourſuivi. Vous pouvez croire que mon Conſeil fut bien tôt aſſemblé, car une cervelle comme la mienne n'eſt pas de nature à perdre le temps en délibérations. Sur ce pied, je me déterminai à donner le change à mon Hôte, luy demandant par écrit le chemin d'*Agen*, où je ſupoſay avoir quelque afaire. Le meilleur de l'affaire c'eſt que j'avois déja tiré de mes Fermiers prés de deux cens Loüis, comme vous l'avez apris, avec un trés-beau cheval qui m'a si généreusement retiré du bourbier. Il fut question de me lever au point du jour, & de me faire conduire par une porte de la Ville, qui me menoit à toute autre route que celle dont je vous parleray. Car, dez-que je fus sorti, je pris le chemin *d'Orthez*, évitant toutes sortes de Bourgs & de Villages, passant par des Landes, dans des Champs, dans des Vignes, & dans des Bois, en suivant de petits sentiers, couchant en des maisons écartées. Je n'avois d'autre guide que le soleil, & la veüe des Pirénées. Je demandois aux gens que je rencontrois dans mon chemin, quel estoit celuy de *Pau*, enfin, pour couper court, sans m'arrêter au récit de quelques rencontres, je vous diray que j'arrivay à *Laruns* le dernier Village de Bearn, situé, comme vous sçavez, dans la Vallée *d'Ozao*. Je ne fus pas plûtôt entré dans cet impertinent Village, qu'un tas de Païsans m'investit de tous côtez. Jugez, s'il vous plaît, si je n'avois pas raison de croire que le grand Prevôt n'étoit pas loin. Cependant je me trompai, car ces Coquins ne m'arrêtérent que parce que ma mine leur parut Huguenote. Ils me laissérent pourtant métre pied à terre, dans un Cabaret, que vous auriez pris pour l'Antichambre de l'enfer, tant il estoit obscur & plein de fumée. Ce fut là que le Curé prit la peine d'acourir pour m'interroger sur des matiéres de Réligion. Ce fut aussi là où je connus que la plûpart des Curez de Village, sçavent aussi peu ce qu'ils croyent, que leurs Paroissiens; car aprés luy avoir répondu du ſur tous les Points dont il m'avoit interrogé, il jura ſur ſon Dieu que j'étois Huguenot. C'eſt icy, Monſieur, où la patience penſa m'échaper, mais à la fin conſidérant que j'avois affaire à des Bêtes, je creus qu'il faloit auſſi les traiter en Bêtes, il falut donc me réſoudre à leur réciter des Litanies & les Vêpres du Dimanche. Cependant cela ne produiſit pas l'effet que j'en attendois; Car ils s'obſtinoient toûjours à me vouloir conduire à Pau. Aprez cela jugez de l'embarras où je me trouvois. Car cette infame Canaille diſoit que les Pſeaumes & les Litanies étoient les premiéres priéres que les Huguenots aprenoient pour ſortir du Royaume. J'avois beau dire que j'étois Ecuyer de Mr. Sablé d'Etrées, & que j'allois joindre cet Ambaſſadeur en Portugal. C'étoit *clamare in Deſerto*. J'avois beau les menacer d'envoyer un Exprez à l'Intendant de *Pau*, pour demander juſtice de l'affront qu'ils me faiſoient, & de mon retardement. Tout cela ne les touchoit point. Enfin, aprez avoir bien réfléchi ſur l'embarras où je me trouvois, je me réſolus d'eſſayer tous les moyens qui peuvent éblouïr les ignorans, quoique la choſe fût difficile, parce qu'ils ſe donnoient tous des airs de Docteurs. C'eſt icy où je dois prier Dieu qu'il béniſſe l'Inventeur du Tabac en poudre, car pendant que j'agitois mon eſprit trois ou quatre heures avec ces Marauts, je ne faiſois qu'en prendre ſans m'en apercevoir. Or comme j'ouvrois ma Tabatiére à tout moment, un des plus traitables Païſans de la Compagnie s'avisa de me demander à voir la peinture qui étoit dedans ; laquelle représentoit une Dame de la Cour étendue sur un lit de repos toute nue, les cheveux épars. Celuy-ci ne l'eut pas plûtôt veue, que l'aïant fait voir aux autres, ils se dirent entr'eux en *Bearnois*, que c'étoit une Madelaine. A ce beau mot je pris courage, ne faisant pas semblant de l'entendre ; quand tout à coup le Curé me demanda ce que ce portrait-là signifioit. Je luy répondis que c'étoit une Sainte qui vengeroit l'insulte qu'on faisoit au meilleur de tous ses Devots, & prenant la bale au bond, je regardai fixement cette nudité, & je forgeai sur le champ une priére à cette Sainte, suivi d'un éloge, où je luy attribuois plus de miracles qu'à tous les autres Saints de Paradis. Cette oraison jointe aux exclamations que je faisois aveugla tellement la Troupe, que chacun baisa, tête nue, la Dame dont il est question, avec un zéle merveilleux. Alors je cessai d'être Huguenot, d'autant plus que je continuai à invoquer cette Sainte qu'on connoît en Bearn avec la même ferveur & la même disposition à faire des miracles. Ce fût à qui pourroit obtenir ces priéres par écrit, pendant que chacun s'empressoit à l'envi de me guider dans les Montagnes, & de me fournir des Mules. Voilà, Monsieur, un détail assez plaisant des effets du Tabac en poudre. S'il sert à bien des gens pour trouver une réponse, pendant cet espace de temps qu'il luy faut pour aller depuis les doigts jusqu'au fond du nez ; il m'a servi d'une autre maniére à me tirer d'afaires,

res, ſans y penſer. Quel malheur pour un honête homme d'eſtre obligé de profaner les Saints pour ſauver ſa vie? Il eſt vray que j'ay dirigé mon intention en cela. Néanmoins, j'en ay demandé pardon à Dieu. Or ceci vous fait voir qu'un menſonge bien habile fait dans l'eſprit du Vulgaire ignorant, des impreſſions que la vérité toute nue ne ſçauroit faire. Quelle pitié qu'un Curé ne ſçache pas ſon Cathéchiſme! pendant qu'il avale des fables pour des miracles. C'eſt l'affaire des Evêques, & non pas la mienne: il en eſt de ces Prélats comme des Officiers de guerre, pluſieurs le ſont par faveur, plûtôt que par mérite. La plûpart s'attachent à la ſçience de plaire à leurs Souverains, au lieu de plaire à Dieu. Vouloir réformer ces abus, c'eſt prétendre avaler toute l'eau de la Mer. Je n'en dis pas d'avantage; car ceci ne me touche pas. Ainſi, je reprens le fil de mon Avanture, en vous diſant que je louay deux Mules, l'une pour mon Guide, & l'autre pour moy. Mon cheval étoit ſi fatigué des éforts qu'il avoit été obligé de faire pour me ſauver, que la reconoiſſance vouloit que je le traitaſſe, avec toute ſorte de douceur & d'humanité, puiſqu'il l'avoit ſi bien mérité par ſes bons ſervices. Cependant, la nuit, qui me paroiſſoit un ſiécle, tant je craignois l'aproche de l'Engeance Prevôtale, me donna plus de temps qu'il n'en faloit pour demander pardon à Dieu de l'invention dont je m'eſtois ſervi, ſous les auſpices de ſes Saints, pour me tirer d'affaire. Dans cette ſituation je mettois inceſſamment la teſte à la feneſtre,

 pour

pour appeller l'aube de jour ; mais ce Village est si fort enclavé dans les Pirénées, qu'à peine y voit on le soleil au plus haut degré de son ascension, & la dixieme partie de la voute des Cieux. Enfin, las de cette manœuvre & fatigué des travaux du corps & de l'esprit, j'allois donner à la nature une heure de sommeil, pour trois jours de veille, quand j'entendis un grand bruit d'hommes & de chevaux à la porte du Cabaret. Les coups qu'ils y donnoient, & les cris qu'ils jettoient, firent glacer tout mon sang dans les veines. Car je crus que tous les Archers du Royaume étoient à mes trousses. Cependant, j'en fus quitte pour la peur ; car c'étoit des Muletiers qui alloient trafiquer en Espagne, Pendant ce temps là mon Guide & le jour étant arrivez ensemble, nous profitâmes de la compagnie de ces Voituriers. Ce jour-là nous passâmes jusqu'à *Sallent* premier Village d'Espagne, éloigné de sept lieues de *Sarans*, aprez avoir passé devant une maison qu'on apelle * *Aigues-Caudes*, où l'on prend les bains qui guerissent une infinité de maladies. Dez-que j'arrivay à *Sallent*, on me conduisit dans un Cabaret sombre & ténébreux, plus propre à loger des Morts que des Vivans. J'étois si fort accablé de sommeil que je dormois debout. Mais comme les Lits me parurent des greniers à poux, je fis étendre de la paille sur le planché, où je me jettai, aprez avoir permis à mon Guide de faire aussi bonne chere qu'il voudroit, pourveu qu'il ne m'éveillât pas. En cet état je dormis depuis

* C'est à dire eaux claudes.

puis nœuf heures du soir jusqu'au lendemain à midi, sans m'éveiller, ensuite nous emploïames le reste du jour à chercher dequoy faire un trés-mauvais repas. Le jour suivant nous piquâmes de fort bonne grace pour gagner un cabaret, où nous trouvâmes quantité de Poulets & de Pigeons, sur lesquels nous-nous dédomageâmes du précedent gîte. Enfin, nous arrivâmes hier en cette Ville, qui est située dans le plat Païs, à deux lieües des Montagnes. Tout ce que je puis vous dire, c'est que depuis *Sarans* jusqu'icy, la traverse est de 22. Lieües; & l'on ne fait que monter & décendre par des chemins si étroits, que pour peu qu'une Mule bronchât, on tomberoit avec elle dans des précipices affreux. Mon Guide m'a dit que la route de la Valée *d'Aspe* est plus belle, plus courte, & plus commode. Mais que celle de St *Jean de pied de port* surpasse les autres, puisqu'il n'y a que huit lieües de montagnes entre *Roncevaux* & le plat Païs de la *Navarre*. Quoiqu'il en soit, je suis surpris que Hercule n'ait pas séparé ces Montagnes, pour la commodité des Voyageurs; comme il a fait celles de *Calpé* & *Abila* pour l'avantage des Navigateurs. Je pars demain à la pointe du jour, pour *Saragoça*, afin d'y arriver le même jour.

Je suis, *Monsieur*,

A HUESCA, le 11 Juillet 1695.

MON-

MONSIEUR,

DEpuis trois mois que je ſuis dans cette bonne ville de *Saragoça*, vous m'avez écrit ſept ou huit fois, en vous plaignant inceſſamment du peu de ſoin que j'ay eu de ſatisfaire vôtre curioſité, mais il faut vous en prendre à vous-même, & non pas à moy. Car, ſi vous n'aviez pas été ſi négligent à m'envoyer ce que je reçois aujourdhuy, ma plume n'auroit pas tracé dans mes Lettres l'inquiétude de mon eſprit, au lieu de vous raconter ce qui ſuit.

Je ne ſçay ſi je dois appeller cette Capitale du Royaume d'Arragon ſimplement belle, où ſi je dois y ajoûter le mot de *trés*; quoiqu'il en ſoit, elle eſt fort grande. Les Rues ſont larges, & bien pavées, les Maiſons ordinaires ont trois étages, les autres en ont cinq ou ſix, mais elles ſont toutes bâties à l'antique. Les Places ne méritent pas qu'on en parle. Les Couvens, qui ſont icy en quantité, ſont généralement beaux, & leurs jardins, & leurs Egliſes ne le ſont pas moins. L'Egliſe Cathédrale, qui s'appelle *la Ceu*, eſt un trés-beau & trés-vaſte Edifice. L'Egliſe de * *Nueſtra Senora del Pilar* n'a rien que de fort ordinaire en ce qui régarde l'Architecture. Il eſt vray, que la Chapelle où eſt cette *Senora*, ſemble tant ſoit peu curieuſe, parce qu'elle eſt ſoûterraine. Les Eſpagnols prétendent qu'elle eſt d'une matiére inconnue à tous les hommes. Sans cela,

* Nôtre Dame du Pilier.

cela, je la croirois de bois de noyer. Cette Chappelle a trente six pieds de longueur & vint & six de largeur; elle est remplie de Lampes, de balustres, & de Chandeliers d'argent, aussi bien que le grand Autel, & de quantité de pieds, de mains, de cœurs, & de testes, que les miracles de cette Vierge ont attiré dans ce lieu-là. Car vous sçavez qu'elle en fait tous les jours qui surpassent l'imagination; mais ce qu'il y a de plus solide, c'est une infinité de Pierres précieuses, d'un prix inestimable, dont sa Robe, sa Couronne & sa Niche sont remplies. Cette Ville est située sur les bords de la Riviére de *l'Ebre*, qui est large comme la Seine à Paris, & bâtie sur un terrain égal & uni, étant revêtue d'une simple muraille, dégradée & déchaussée en quelques endroits. Les Arragonois estiment infiniment le Pont de Pierre qui traverse la Riviére, parcequ'ils n'en ont pas veu cent autres qui sont plus beaux. Ils auroient plus de raison de regarder le Pont de bois situé un peu au dessous, comme le plus beau qui soit en Europe. On trouve dans cette Ville des Académies pour les exercices du Corps & de l'esprit; sur tout une belle Université qui ne céde qu'à celles de *Salamanca*, & de *Alcala de Henares*. Les Ecoliers sont généralement tous habillez comme les Prêtres, c'est à dire en manteau

* On voit encore deux Eglises construites par les *Gots*, où il ne manque ni beauté ni solidité. On y remarque de trés belles voûtes d'ogive, qui font voir que ces Peuples entendoient parfaitement bien la Stéréotomie.

teau long. Mr. le Duc de *Jouvenazo* est Viceroy de ce Royaume; cette Dignité Triennalle me parôit plus honorable que lucrative; car elle ne rend que six mille Écus par an. L'Archevêque, en tire vingt mille de son Archevêché, mais comme il est véritablement homme de bien, il distribue le tiers de ce revenu aux pauvres. Sa naissance est des plus obscures, cependant il a été President d'un des Conseils de la Cour d'Espagne, peutêtre est-ce à cause de l'antipatie naturelle qu'il a toûjours eue pour les François. Les Chanoines de sa Cathédrale, & ceux de nôtre Dame du Pilier retirent cent écus par mois de leurs Canonicats. *El justitia* est le Chef de tous les Tribunaux de l'Arragon. C'est entre ses mains que les Rois d'Espagne trouvent une Epée nue, quand ils prêtent le serment de conserver les Priviléges de ce Royaume, à leur avénement à la Couronne. Cette Cérémonie se fait à la Maison de la Députation, qui est un Edifice merveilleux. Le *Salmedina* est une espece de Lieutenant Général Civil & Criminel. Cette Charge de Robe & d'épée est triénalle, aussi bien que celle de son Lieutenant. † *L'Audiencia Real* est composée de plusieurs Conseillers qui sont aussi friands d'épices que les nôtres; Outre cela il y a cinq Jurats, qui ne conservent leur pénible Emploi que deux ans. Ce sont des Juges de Police, qui se chargent du soin de la Ville. Enfin, je n'aurois jamais fait, si j'entreprenois de vous faire un détail

* Cette Charge est à peu prés celle de Chancelier.

† Parlement.

détail des autres Charges de ce Royaume. Le pain, le vin, la Volaille, les Perdrix, & les Liévres y ſont à trés bon marché. Mais la Viande de boucherie eſt extrémement chére, & le bon poiſſon tout à fait rare. Les Etrangers, qui paſſent dans cette Ville, ſont réduits à ſe loger en certaines Hôteleries que les Eſpagnols appellent *Meſon*, où les Hôtes ne fourniſſent aux Paſſans que la Chambre & le lit, l'Ecurie, la * paille, & l'orge. Il eſt vray que les Valets ont ſoin d'acheter ce qu'on veut manger, & d'accommoder les Viandes de la maniére qu'on leur ordonne, pourvû que ce ſoit ſimplement à boüillir ou à rôtir. Les vins d'Arragon ſont doux & forts, ſur tout le vin rouge; car le blanc a moins de force & de douçeur. Il n'y a d'autre Divertiſſement icy pendant l'Eté que la promenade. Les Cavaliers & les Dames ſortent ſéparément de la Ville, vers le ſoir. Mais c'eſt moins pour prendre le frais que pour prendre le chaud. L'Hiver on a le plaiſir de la Comédie, où l'on dit que les Prêtres & les Moines vont ſans ſcrupule. Mr. le Duc de Jouvenazo tient tous les ſoirs aſſemblée chez luy; on y raiſonne, & on y boit des liqueurs ou du Chocolat. Les gens de la premiére qualité s'y trouvent preſque toûjours. Ils ſont honeſtes & affables au dernier point. Ils m'ont donné des marques ſenſibles d'amitié, & la plus grande eſt de m'avoir régalé dans leur Maiſon; c'eſt ce qui me fait voir qu'ils ne ſont pas ſi farouches qu'on me les avoit dépeints. J'avoüe qu'en public les ſoûris ne

* Il n'y ni foin, ni avoine en Eſpagne.

ne dérident jamais leur front, & que la familiarité de la joye ne leur fait rien rabatre de leur gravité afectée : Mais dans le particulier ce sont les plus jolies gens du monde; c'est à dire les plus enjoués & les plus vifs. Les Arragonois sont presque tous aussi maigres que moy. De là, Monsieur, vous pouvez juger de leur bonne mine. Ils disent que cela provient de ce qu'ils transpirent beaucoup, qu'ils mangent & dorment peu; qu'ils ont les passions de l'ame vives & fortes;&qu'enfin ils dissipent les esprits influens pas des exercices que les François ne font pas si souvent qu'eux. Leurs visages sont aussi pâles que le mien. Peut-être ces mêmes exercices en sont ils la cause, au moins Ovide le croit ainsi, *palleat omnis amor,color est hic aptus amandi.* Leur taille passe la médiocre. Leurs Cheveux sont châtein obscur,&leur tein est aussi clair que celui desBearnois.Tout ce que je viens de vous dire à leur égard, se peut entendre aussi de leurs Femmes, dont la maigreur ne va pourtant pas si loin. On ne peut pas convenir qu'elles soient belles,mais on ne sçauroit s'empêcher d'avoüer qu'elles sont aimables, si la nature leur a été chiche en gorge & en front,elle leur a prodigué des gros yeux étincelans, si pleins de feu qu'ils brûlent sans quartier,depuis les pieds jusqu'à la teste,les gens qui s'en s'aprochent.Elles sont trés-obligées à *Theuno* femme de *Pithagore*,de leur avoir apris que les Personnes de leur Séxe ne sont nées que pour l'agréable mêtier d'aimer, & d'être aimées. Cette douce Morale s'accorde parfaitement bien avec leur Compléxion. Aussi la pratiquentquent-elles à merveilles. Car dez le matin elles courent aux Eglises, plûtôt pour conquérir des cœurs, que le Paradis; elle n'ont pas plûtôt dîné qu'elles vont chez leurs Amies, qui se rendent service reciproquement dans leurs Galanteries, en favorisant l'éntrée de leurs Amans chez les unes & chez les autres, avec bien de la ruse & de l'artifice. Il s'agit icy de finesse, car la vertu des Femmes consiste icy plus qu'ailleurs à bien cacher son jeu. Leurs Maris sont clairvoyans, & pour peu que l'intrigue soit découverte, elles courent grand risque de faire le voyage de l'autre monde, à moins qu'elles ne se sauvent dans un Couvent. Il n'y a qu'un mois & demi que je vis poignarder une Fille par son propre Frére, dans une Eglise, au pied de l'Autel, pour avoir entretenu quelque temps un commerce amoureux. Il partit exprez de Madrid pour faire ce bel exploit, dont il fut châtié par deux mois de prison. On n'a fait icy que dix-huit ou vint assassinats de guet à pend depuis que j'y suis; parce que les nuits sont un peu trop courtes. Mais on m'a dit qu'il ne se passe guére de nuit en hiver, qu'il ne s'en fasse deux ou trois. Il est vray que ce sont des gueux & des miserables de deux Paroisses de la Ville, qui s'insultent de cette maniére-là. Ce sont de vieilles inimitiez qui les portent à cette extrémité. Ce désordre provient de ce qu'il faut de grandes preuves pour condamner un homme à mort. Et de ce que les Criminels condamnez se prévalent des priviléges du Royaume pour prolonger l'exécution d'un terme me à l'autre. Ce qui fait qu'à la fin ils en ſont quittes pour les Galéres, d'où ils ſortent enſuite par mille ſortes de voyes. De ſorte que ſi quelque forte Partie ne preſſe les Juges, ils ſe ſauvent toûjours de la corde. On ne ſçait ce que c'eſt que de voler dans les rues, & ces meurtres ne ſe font jamais dans cette veüe-là. Je me ſuis ſouvent retiré ſeul de chez le Viceroy à onze heures, ou à minuit, ſans qu'on m'ait inſulté; il eſt vray que j'ai ceſſé de m'y expoſer, ſur le conſeil que les gens de qualité me donnérent, de marcher toûjours accompagné, de peur que ces Aſſaſſins ne me priſſent pour un autre. Quoiqu'il en ſoit, il n'y a rien à craindre pour les gens de quelque diſtinction, à moins qu'ils ne ſe trouvent envelopez dans quelque intrigue amoureuſe; Car alors on court riſque d'eſtre poignardé dans les rues en plein midi. Il faut donc eſtre ſage ou s'abandonner aux Courtiſanes, pour éviter ce malheur. Or de ces deux moyens le premier eſt le meilleur, puiſqu'il conſerve également la Bourſe & la ſanté. La Nobleſſe d'Arragon eſt aſſez riche; mais elle le ſeroit davantage ſi les Païſans de ce Royaume, étoient auſſi laborieux que les nôtres. Ces pareſſeux ſe contentent de faire labourer leurs Terres, ſemer, & receuillir leurs grains, par des * *Gavachos* dont l'Eſpagne eſt infectée. La populace conjecture que la France eſt le plus mauvais Païs du monde, puiſque les François le quittent pour venir dans le leur. Il eſt vray

* Epitéte qu'ils donnent aux François, & qui dans le fond ne ſignifie rien du tout.

vray que les Laboureurs, les Coupeurs de bled, les Bucherons, & les gens de tous Mêtiers, ſans compter les Cochers, les Laquais & les Porteurs d'eau ſont preſque tous Bearnois, ou Languedochiens, ou Auvergnats. On trouve icy quelques Marchands Bearnois, qui ſe ſont enrichis par le commerce de France, qui, malgré la guerre, ſe fait encore aſſez ouvertement. Si les Arragonois avoient du ſang aux ongles, & qu'ils vouluſſent enrichir leur pais, il leur ſeroit facile d'en venir à bout. La Riviére d'Ebre eſt navigable pour des Grands bateaux plats comme ceux de la Seine, depuis *Tortaza* juſqu'à prez de *Mirandébro*. Cinquante perſonnes qui ſont décendues m'ont aſſûré qu'il y reſtoit en été trois pieds d'eau dans les endroits les moins profonds, & que d'ailleurs ſon courant eſt trés-paiſible; tellement que la ſeule dificulté ne conſiſte qu'à faire des chemins le long du rivage, pour hâler ces bateaux en la remontant. Les François emmenent icy quantité de Mules & de Bidets, ſur quoi ils gagnent cent pour cent, tous frais faits. Ces Mules ſervent pour tirer les Carroſſes & les * *Galeras*, car celles d'Eſtramadure ſont chéres, & ne reuſſiſſent pas icy, comme dans les Pais Méridionaux de l'Eſpagne. A l'égard des Bidets, on les débite ordinairement mieux dans le Royaume de Valence, où les Païſans s'en ſervent à des uſages diferens, Les Carroſſes de ce païs ont, à peu prez, la figure des Coches de France, & ils vont d'une

* Grandes Charretes, qui portent 80. quintaux & qui ſont tirées par huit Mules.

d'une si grande lenteur, qu'ils ne feroient pas le tour de la Ville dans le plus grand jour de l'Eté. La Mode d'aller en visite à Cheval est icy comme en Portugal, & les Gentishommes & les Officiers de guerre sont habillez à la Françoise; ils trouvent que l'habit à l'Espagnole est insuportable, à cause de la *Golilla*, qui est une espece de Carcan, où le cou se trouve tellement enchassé, qu'il est impossible de baisser ou de tourner la teste. L'habit des Femmes paroît un peu ridicule aux Etrangers, quoiqu'ils ne le sont pas dans le fond. Je trouve à l'heure qu'il est, celuy des nôtres cent fois au dessous; les Espagnoles ne scauroient cacher aucun défaut de nature. Leur taille, leur grandeur, & leurs cheveux paroissent tels qu'ils sont; car elles ne portent ni coeffes, ni talons, ni corsets de baleine. Si les Françoises étoient obligées de prendre cette mode-là, elles ne tromperoient pas tant de gens, par leurs tours de cheveux, leurs talons, & leurs fausses hanches. Il est vray qu'on pourroit un peu reprocher aux Espagnoles de montrer à découvert la moitié de leurs bras, & de leurs épaules; mais en même temps il ne faudroit pas épargner les Françoises qui afectent d'étaler deux piéces plus tentatives & plus animées. Car dés qu'on alléguera que les unes sçandalizent par derriére, on aura le même droit de répondre que les autres scandalizent par devant. Au reste, si les Femmes sont gênées, elles ont l'agrément d'estre fort considérées. Car dés qu'elles passent dans les rues,

rues, à visage découvert, en Carrosse, ou à pied, on s'arrête pour leur faire une révérence ; à quoy elles répondent par une inclination de teste, sans plier le genou. Leurs Ecuyers, qui sont des Vieillards hors de soupçon, leur donnent la main nue; car c'est la mode Espagnole. Ce sont les seuls qui aïent l'avantage de toucher leurs mains, car quand un Cavalier se trouve par hazard dans une Eglise auprés du Benitier, & qu'une s'y présente, il trempe son Chapelet dans l'eau benite, pour luy en offrir. Il en est de même à la dance, ce qui n'arrive guére souvent. Car le Cavalier & la Dame ne se tiennent que par les deux bouts d'un mouchoir. Vous pouvez juger de là combien le salut du baiser y paroît choquant. Il faut que je vous fasse conoître que les Espagnols ne sont pas si farouches qu'on le publie, en vous donnant en même temps un petit détail de leurs repas. Un Gentilhomme que je voïois trés-souvent chez le Viceroy, & dans les Académies, m'ayant honoré d'une visite, je répondis à son honnêteté de la même maniére. Il me reçut au haut de l'escalier, & m'ayant conduit dans une Salle où nous-nous entretînmes une demi-heure, je luy demandai comment se portoit son Epouse, mais il me répondit qu'il la croyoit en assez bonne santé pour nous recevoir dans sa Chambre. Aprez cela voyant paroistre le Chocolat & les biscuits, ce Gentilhomme se leva pour m'introduire dans la Chambre de ſa Femme, qui s'étant tenue debout pour recevoir nos revérences, s'aſſit ſur ſon *Sofa*, pendant qu'on nous donnoit des chaiſes. Je luy dis que j'étois fort obligé à ſon Mari de m'avoir procuré l'honeur de la ſaluer; elle me répondit qu'il me regardoit comme Eſpagnol, & comme Ami; enſuite ayant pris le Chocolat, elle me demanda ſi je le trouvois bon, & ſi les Dames de France n'en prenoient pas. La converſation ne dura qu'un demi quart d'heure, car comme je craignois de pécher contre les formalitez Eſpagnoles, je me levai, je la ſaluai, & je ſortis de la Chambre avec ſon Mari, qui me pria de dîner avec luy. Nousnous promenâmes pendant ce temps-là dans ſon Jardin, & aprez avoir fait mener ſes chevaux devant moi, nous remontâmes dans une Sale où le couvert étoit mis. Un moment aprez la Dame parut, entra, & aprez avoir ſalué à ſa maniére, elle prit ſa place d'un côté de la * Table, & nous de l'autre. On ſervit d'abord des Melons, des Raiſins, des Pavies, & des Figues; enſuite on nous donna chacun nos *pitames* à la maniére des Moines, conſiſtant en ce qui ſuit; des cotelétes rôties dans le premier plat; une perdrix & un pigeon auſſi rôtis dans le ſecond; un lapreau en pâte dans le troiſiéme, une fricaſſée de poulets

* Table ſéparée par deſſous avec des planches, afin que les pieds des Conviez ne ſe touchent pas.

lets dans le quatriéme, des † Oronges environées de petites Truites longues comme le doigt , dans le cinquiéme ; & une Tourte d'abricots dans le sixiéme. Aprez quoy l'on porta des boüillons jaunes comme le safran , dont ils estoient remplis. Voilà , Monsieur, en quoy consistoit la portion de chacun de nous. Cependant nôtre conversation ne roula que sur les Françoises. La Dame prétendoit que la grande liberté que les hommes ont en France , d'entrer chez les Femmes , de joüer, & de se promener avec elles , exposoit les plus sages & vertueuses à être deshonorées par des Indiscrets , & des Médisans ; qui pour se faire valoir gens à bonne fortune , diffament celles qui leur resistent. Enfin , aprez avoir bien déclamé contre les Maris , qui digérent paisiblement ces affronts , au lieu de se vanger , nous sortîmes de Table. Elle fit son salut ordinaire, en se retirant dans sa Chambre. Cependant je fis aussi ma retraite. Le Gentilhomme marcha toûjours devant moy , jusqu'à l'escalier , où il s'arrêta du côté gauche , afin de me laisser la main , en luy disant adieu. Il attendit que je fusse au pied de l'escalier pour recevoir un coup de chapeau ; ensuite nous nous perdîmes de veüe l'un & l'autre. Je vous raconte cette avanture

 pour

† l'Espece de champignons rouges dessus & jaunes dessous.

pour vous faire connoiſtre la maniére dont les Eſpagnols en uſent envers leurs Amis. Si cent Gentishommes m'avoient régalé, il n'y auroit aucune diférence de ce que je vous ay dit, ſi ce n'eſt, peut-eſtre, en la bonne chére. Car pour la Cérémonie, c'eſt toûjours la même choſe chez les uns, comme chez les autres. Ainſi, par cette Deſcription vous ſçavez tout ce qui ſe pratique en Eſpagne, en pareille occaſion. Je croy vous avoir dit que les Eſpagnoles nous traitent d'indiſcrets ; elles n'ont, peut-être, pas tout le tort. Car toutes les Femmes de l'Europe tiennent le même langage. Voici quelques vers Eſpagnols qu'un fou de Poëte a faits ſur cette matiére, il y a cinquante ans.

Los diſcretos Eſpagnolès.
Los maridos Zelozos,
Hazen en Callados Gozos
Orejas de Caracoles.
No ſon tales los Francezes,
Tanto no pueden cubrir,
Antes mas quieren mil vezes,
No hazer, que no dezir.

Cela veut dire en bonne proſe ; que *les diſcrets Eſpagnols aident aux Femmes à coëfer leurs Maris, par des embraſſemens ſecrets. Que les François au contraire ne peuvent rien cacher, car ils aiment mille fois mieux ne pas faire le coup, que de ne pas le dire.* Voila, Monſieur, à peu prez, le le raisonnement de ce Huron, qui prétend que nous faisons gloire de payer les faveurs des Dames, avec une ingratitude qui ternit leur reputation, de fond en comble. Cet avis peut leur aprendre à ne se pas fier à des Evaporez. Une Femme d'esprit ne sera jamais embarrassée à connoistre le Caractére d'un homme, lors qu'elle voudra s'en donn[illegible] la peine. Les jeunes gens sont foux. Cependant les Dames les préférent aux gens sages, parceque la Sagesse ne leur vient qu'à l'âge où la nature commence à filer doux. La Langue indiscréte des jeunes Cavaliers fait un tort considérable à leurs Maitresses, mais les Femmes de chambre & les Confidentes n'en font pas moins. Les Femmes se perdent souvent elles-mêmes pour ne pas prendre assez de précaution envers leurs Domestiques. J'appelle une femme sage celle qui sçait bien cacher ses folies. C'est un des premiers talens des Espagnoles. Lesquelles font en cela beaucoup de grace à leurs Maris, car enfin le coup ne fait que le cocu, au lieu que le bruit fait les Cornes. Sur ce beau mot, je finis ma lettre, en vous priant de m'écrire à *Bilbao*, où je dois aller au premier jour. Delà je côtoyerai par terre ou par mer, les côtes maritimes jusqu'en Portugal, afin de connoistre les Ports & les Havres dont on ma parlé tant de fois. Cette découverte me fera plus de plaisir que si je voyois les plus belles Villes du monde.

Cela vous fait voir qu'il ne faut pas disputer des goûts,

Je suis,

Monsieur,

Vôtre, &c.

A SARAGOZA, *le* 8, *Octobre*, 1695.

BIBLIOTHÈQUE NATIONALE

www.ingramcontent.com/pod-product-compliance
Ingram Content Group UK Ltd.
Pitfield, Milton Keynes, MK11 3LW, UK
UKHW021101230726
13926UKWH00004B/1965

9 782019 161934